我が人生、学問
そして同志社

大谷　實

成文堂

はしがき

私は昨年の秋に喜寿を迎え、門下生による喜寿記念論文集の献呈を受ける光栄に浴しました。論文集の編集代表である畏友・同志社大学法学部　瀬川　晃教授は、その「はしがき」で、「これまでの先生の歩んでこられた『人生行路』に目を向けると、そこには必ずしも平たんとはいえない、長く険しい一本の道がのびています」という書き出しで、私の人生のあゆみを、見事な名文で活写してくれました。心温まる思いで、涙した次第です。

あれから一年、記念論文集を賜った瀬川教授以下一七名の諸君に捧げるという意味も込めて、私のささやかな人生行路のあゆみをまとめて世に送るのも、多少の意味があると考え、少しずつ書き溜めてまいりました。二〇〇四年には、私の古稀を自ら記念するために「明日への挑戦」を出版しましたが、今回は自らの喜寿にちなんで、「我が人生、学問そして同志社」と題して公刊することにしました。

第1部では、「人生行路のあゆみ」を中心に、私の生い立ちを振り返り、併せて、老兵の現在の心境を対話形式で述べてみました。第2部では、人間の生き方の根本は、個人主義と自治自立主義の精神にあるということを中核として、関連する講演等を収録しました。第3部では、私の学界活動の一端を披瀝して、研究者としての一つの生き方を参考に供するつもりで講演等を載せました。第4部では、現職の総長として、同志社が目指すべき方向を示す趣旨で、論点をまとめてみました。

この書物の出版につきましては、成文堂の阿部耕一社長、土子三男取締役および編集部の篠崎雄彦氏の好意あふれるご協力を頂戴した。記して、深く感謝申し上げる次第である。

二〇一二年一〇月二日

大谷　實

『我が人生、学問そして同志社』目次

第1部　人生行路のあゆみ——思い出の記

終戦まで（一九三四～四五）

生まれ故郷

――茨城県に生まれたのですね。

茨城県の南西部に当たる真壁郡小栗村、筑波山が良く見える農村です。昔、渡世人の挨拶で、「東に見えるは筑波山、西を見れば日光山、南に見えるは富士の山」と仁義を切ったそうです。今は、町村合併で筑西市協和町小栗となりました。農業中心の牧歌的な片田舎です。結城紬の結城町（結城市）に近く、養蚕業を営む家もありました。私の生家は小「地主」でしたので、祖父は村会議員を長く勤め、父は小規模の農業を営む傍ら、地域の世話役をしていました。私は、一九三四年一〇月に大谷家の長男として生まれたのです。

――一九三四年は日本が風雲急を告げる時代となった頃ですが、「實」という命名の由来は。

前の年に国際連盟の脱退、瀧川事件の騒動というように、国粋主義化し始めた時期です。軍人、政治家として活躍していた「斉藤實（まこと）」に肖って、祖父が名づけたと聞いています。もっとも、「まこと」では恐れ多いので、「みのる」にしたそうです。斉藤は、首相や内大臣を務めましたが、二・二・六事件で殺されました。

国民学校時代

——幼稚園生活は。

幼稚園には入っていません。一八七六年に日本で初めて幼稚園が開設されたのですが、都市部ではともかく、農村には幼稚園は殆どなかった。祖父母と父母、二歳上の姉、三歳下の弟、それに五歳下の弟と併せて四人、全部で八人家族でした。女中（住み込みの女性の手伝いさん）、作男（農作業のための男性の手伝いさん）がいましたので、朝と晩は、一〇人で賑やかに食事をしました。懐かしい思い出です。

——国民学校初等科に入学しました。

一九四一年の四月、満七歳で入学しました。学校は、歩いて三〇分くらいの村の中央にありました。当時は、小学校ではなく国民学校といったのです。それまでは尋常小学校だったのですが、一九四一年、つまり私の入学時に国民学校に変わりました。戦時体制に即応する目的のためということのようでしたが、初等科六年、高等科二年を義務教育とする学校となったのです。そして、その年の一二月八日に米英宣戦布告、つまり太平洋戦争が勃発しました。その日の一時間目の授業が始まる前に、担任の先生が世界地図を黒板の上に拡げ、鋲で留めて、戦争の相手国アメリカとイギリスを示しながら、こんな大きな国と日本とが戦争を始めたと説明していました。とても、寒い朝でした。太平洋戦争が、我が家にとって壊滅的な打撃になるとは、そのときは思いも寄らなかった。

――父上が出征します。

戦争が始まったころは大きな変化はありませんでしたが、一年が経過したころから戦時体制が確立し、いわゆる赤紙と称された召集令状で兵役に服する者が多くなりました。私の父も一九四二年の夏に村役場の職員から赤紙を配られ、一一月末に馬に乗って出征したのです。父は満三六歳でしたし、その年齢で召集された人は少なかったので、本人は諦めていましたが、母や祖父母はとても悔しがり、何かの間違いではないかと召集のやり方に不信感を抱いていました。私は八歳でしたが、それまで厳しいだけで余りかまってくれなかった父が、赤紙がきてから急に優しくなり、本当に可愛がってくれました。父と別れるのが辛くて、朝七時頃、自宅から五キロほどある国鉄の「新治駅」まで、父の出征を見送りに来てくれた部落の方がたから離れて、馬に乗っている父を一人で走りながら見送りました。後で判ったことですが、父は、その日横須賀で一泊し、翌日、輸送船で南洋諸島に送られ、結局、一九四五年、終戦の年の七月二〇日に、南洋トラック島で戦死してしまいました。無惨な餓死だったそうです。同じ月の七月七日には下の弟が疫痢で脳膜炎となり、一週間も患わずに五歳で死にました。母は、発狂寸前でした。あの時、もし父の戦死を知ったら、母は、本当に精神的に立ち直れなかったと思います。

――通信簿の成績はまあまあでした。

父が出征前に買ってくれた「ピノキオの冒険」や漫画を読んでいましたが、それ以外、読書は殆どしなかった。ひたすら学校の国定教科書の勉強をしていましたから、通信簿の成績は良いほうでした。優、良、可の三段階方式の評価で、大半は「優」でしたが、何故か三年生まで「修身」(道徳)は良でした。よく取っ組み合いの喧嘩をしていたためだと思います。もっとも、四年生の時、火野葦平の「麦と兵隊」を全校児童に向けて、朗読させられたこともありました。

――終戦のときは、何年生でしたか。

五年生です。三年生のころから学校に陸軍が駐留することになり、校庭で軍事訓練をしていましたから、なんとなく落ち着かない雰囲気のなかで授業を受けていました。また、勤労奉仕として農作業の手伝いもさせられました。特に、私の家のように、大黒柱を失った農家は大変で、父が出征した後、農作業に馴れていない母と一緒に、それこそ一家を支えるために、率先して働きましたよ。そして、仕事が辛くなると、「今に見ておれ。医者か弁護士になって、きっと母を楽にしてやる」と考えましたね。九歳～一二歳ころのことですが、休日にはもちろん一日中農作業を手伝い、また、普段でも、学校から帰ると、かばんを縁側に置いたまま素足で畑に出かけました。そして、茨城県も艦砲射撃で大変な被害を受けたばかりか、一九四五年の夏になると広島、長崎への原爆投下のニュースに接し、いよいよ戦争は限界かなと思っていました。そして終戦です。国民学校五年生の八月一五日、壊れかけのラジオをたたきながら聴いたのが、天皇の「終戦」詔書放送、いわゆる玉音放送でした。「これで戦争は終わった」と思うと、訳がわからないまま興奮して、かんかん照りの農道を全力で走り回った記憶があります。父戦死の公報は、まだ、来ていませんでしたが、父を奪い、平穏な生活を奪った戦争から解放されたのです。本当に嬉しかった。

中学から大学

中学生活
——それから中学に入学します。

新制中学です。一九四七年に学校教育法の改正があり、国民学校初等科と高等科が廃止されて、新たに修学年限六年の小学校と修学年限三年の中学校が設けられ、九年間の義務教育となったのです。つまり、現行のような制度になった。四月一日から施行され、四月八日に私たちは入学したわけです。新制中学には二年生、三年生もいましたが、いずれも途中から新制の中学生になったもので、初めから新制中学に入学したのは、一九三四年四月一日から一九三五年三月三一日生まれの生徒だけです。国民学校のときもそうでしたが、私たちは、中学校も制度の変わり目に入学した記念すべき学年だったわけです。もっとも、校舎は国民学校高等科のものを使いましたし、大半は高等科所属であった先生でした。小栗村立小栗中学校という名前の学校で、男女共学、五〇名クラス二つ、約一〇〇名の生徒でした。

――初めて英語を勉強します。

一九四五年、国民学校五年生の二学期が始まりますと、それまでの教育内容は一新されました。教科書は墨で塗りつぶされ、日本の歴史はガリ版刷りのプリントを教材としていました。先生も、やたら大きな声を張り上げて授業するのですが、よくわからなかったし、自信喪失の方が多かったようですね。教室の正面に「真剣」と書かれた額が掲げてあったのですが、あるとき、校長が来て、武器を連想させるので取り外すといわれ、放課後に本当に廃棄処分にしたのには驚きました。五年生、六年生の授業で何とか授業になったのは、数学と理科ぐらいだったでしょうか。

一方、中学校になると、どの科目も専科の先生が教育しますし、終戦後二年が経過しますと少し落ち着きを取り戻したこともありまして、先生方も熱心に教えてくれました。国語と理科が得意でしたが、どうしても頭に入らないのが歴史、特に日本の歴史でした。矢張り戦争中の教育と戦後の教育の断絶が大きかったと思います。英語は、週二時間でしたが、単語カードなどを使って勉強しましたので、教科書は何とか理解できたのですが、多くの先生は英会話の経験がないようでした。近隣の町立中学校では、週5時間授業しているところもあったようで、後で話しますが、高校に入ってから英語では苦労しました。

――地主生活が終わり、生活は大変でしたでしょう。

父は片手間に農業を営んでいましたし、太平洋戦争が始まる前までは小作料がかなり入っていたようで、当時としては、それなりに豊かな生活をしていました。年末になると、土蔵と倉庫それに納屋が小作料としての米俵で溢れていたことを思い出します。しかし、一九三九年頃から食糧難対策として米穀配給統制法（一九三九）が施行され、また、米や麦などの主要食糧について、農家消費用以外は政府の定める条件で強制的に売り渡す供出制度（一九四〇）ができ、さらに小作料統制令もできて、地主の収入は極端に減らされてしまいました。そのため、小規模の農業では生活できなくなり、親しくしていた小作人に頼んで田畑を返してもらい、老祖父母と母そして長男の私とで素人百姓に取り組み、何とか生活ができているという有様でした。それでも、父が帰ってくると思っていましたので、毎日ラジオ放送で引揚者の名前を聞くのが楽しみでしたが、結局、一九四六年の冬に父戦死の公報が来てしまいました。母は文字通り悲嘆にくれていましたね。

――叔父さんが戦地から引き揚げて来たのですね。

終戦の翌年、一九四七年の一〇月、突然、上海で抑留されていた叔父・大谷利男から、既に帰国して東京にいるという電報での知らせがありました。叔父は、亡くなった父の末弟で、憲兵として長く中国の上海に従軍していたのですが、終戦時に、憲兵大尉として戦犯の嫌疑で抑留されているという連絡を受けていました。その叔父が戦犯の嫌疑が晴れて、既に帰国しているというのですから、家中大騒ぎになりました。翌日、国鉄水戸線の下館駅まで迎えに行き、髭茫々の叔父と数年ぶりに遭いました。帰宅後、祖父母も交えて話の花が咲いたのですが、叔父が公職追放の身であることに話が及びますと、急に暗い雰囲気になってしまいました。一九四六年のGHQ覚書を契機として、戦争責任者、国家主義団体幹部などの戦争協力者を公職から罷免および排除する施策が実施されたのです。叔父は、戦争責任者に該当していたのです。せっかく帰国できたのに、就職活動も侭ならず、一日中黙り込んでいる叔父の姿を見ていると、気の毒な気がして、涙が出て仕方ありませんでした。

——継子になられました。

その後、祖父母と母とが、叔父を交えて夜中まで話し合っていることが何度かありました。そんなある日、中学校長をしていたもう一人の叔父（父の次弟）が、突然、私どもの家にやってきまして、姉と弟を土蔵の一室に呼び、「君たちのお母さんと利男叔父さんが結婚することになった。明日、結婚式するので、皆、利男を『父さん』と呼ぶように。分かったな」と申し渡されました。弟はそのとき九歳でしたが、何故か急に悲しそうに泣き出しましたので、少し慌てました。文字通り「寝耳に水」で、本当に驚き、父の日常生活を見ていると止むを得ないという気持ちもありましたが、母のことは私が自分の力で守ろうと決心していたこともあって、複雑な気持ちでしたね。何せ、母はそのとき四〇歳、叔父は三〇歳でしたから、相当無理な結婚——逆縁（レビレート）だとも思いました。翌日、自宅で近親者が集まり、簡単な祝儀が執り行われたのですが、お開きの前に「これから父ちゃんと呼ぶから」と叔父に言いますと、「有難う」と答えてくれたので、何かほっとしたことをお覚えています。中学一年生の時です。

——新しい父親との生活が始まりました。

父は、農作業の経験が殆どなく、はじめは随分と苦労されたと思います。一方、私は、子供の頃から百姓仕事をしていましたので、農作業、特に鋤、鍬や万能の使い方を父に教えたりしましたが、実は、土地を耕す作業、これが農作業で一番難しく、また重労働なのですね。なかなか仕事の勘所・コツがつかめず、父はいらいらしていました。しかし、父は徒者（ただもの）ではありませんでした。陸地を耕やすのに牛馬を使う工夫をしたのです。牛馬を使う方法は、もちろん当時も開発されていたのですが、それは主として水田で使われていまして、陸地用としてはあまり普及していませんでした。

父は、陸地耕作に牛馬を利用する方法を工夫し出してから、農業に少し自信を持ったようです。また、当時は珍しかったのですが、農業の傍ら養豚も手がけて成功し、所得も少しずつ増えてきたのですね。さらに、結婚して一年目に女の子に恵まれ、長い間、苦労を重ねてきた母も、幸福そうでした。結婚生活はうまくいかないのではないかと不安を覚えていましたので、これで良かったのだ、と納得した次第です。

私も、それまでは農作業に追われてスポーツや友達付き合いもできなかったのですが、ようやくクラブ活動ができるようになり、野球部に入って練習に励み、中学校野球大会ではピッチャーを努めるようになりました。学業のほうも何とか順調に成績をあげることができ、父からは、高等学校に進学してはどうかというアドバイスをもらいました。当時は、高校への進学率は随分と低く、小栗中学校の場合は、一〇〇人の卒業予定者のうち、進学希望者はわずか八人に過ぎませんでしたから、父からのアドバイスは本当に嬉しかったですね。お蔭で、茨城県立下館第一高等学校（下館一高）の普通科に入学できました。一九五〇年四月のことです。

高校生活
――下館一高の普通科に入学したのですね。

学区が栃木県にまたがっていましたので、栃木県立の真岡高校に入った人も多かったのですが、私は下館一高に入学しました。下館一高は、私の村から約一〇キロの下館町にありまして、砂利道の県道を三〇分かけて自転車で通学しました。下館町は、茨城県の西部で鬼怒川と小貝川の間にある商業の町です。かつては真岡（もおか）木綿の集散地として栄え、明治以降は足袋底織が盛んになり、近年まで全国市場をほぼ独占した町で、当時は商業の町として活気が溢れていました。人口は、約六万四、〇〇〇人ほどでしたが、只今は平成の大合併によりまして、筑西市の中心となっています。

そうした土地柄もあって、商業組合が学校を作り、一九二三年に商業組合立「商業学校」として創立されたのです。戦後、県立下館一高となりましたが、実業高等学校としての性格が色濃く、普通科、商業科、工業科を併設する珍しい大規模学校でした。私は普通科に入学したのですが、地の利もあって応募者が多く、普通科の入学試験はかなり難しいという評判で、小栗中学からは四名しか入学できませんでした。私は、幸い普通科に入学できたのですが、授業のレベルは高く、国語や物理、一般社会などは何とかついて行くことができましたが、数学とくに英語は、初歩的なことを教えてもらえず苦しみました。友達に聞いてみますと、下館や結城の中学校では英語を週五時間教わっていたというのに、自分達の中学校では、僅かに週二時間で、しかも農業などに振り替えられることが多かったのです。学力差を知って、愕然としました。

――農業高校への転校を考えられたとか。

一学期の中間試験では、なんとCランクの成績でした。医者か弁護士になるという子供のときの夢は、夢のまた夢であり、きっぱり諦めよう。そこで、真っ先に考えたのが転校、特にこれまで経験してきた農業が学べる高等学校に転校し、農業で成功してみたいと考えるようになったのです。早速八キロほど離れた茨城県立真壁農業高等学校に訪問し、二学期に編入試験を受験したい旨申し出ました。ところが、学年の途中での編入試験は実施しないので、二年生になるときに受験してくださいといわれましてね。拍子抜けし、失望して夕刻に帰宅しました。すると、転校の噂を聞いた父が険しい表情をして、「話しがあるから部屋に来い」と命じられ、転校について問い詰められました。そして、「せっかく入学した学校を退学するような腰抜けは、どうせろくな人間になれないから、転校などもってのほか。明日から、学校やめて百姓をやれ。」とどやしつけられました。その晩はなかなか寝付かれませんでしたが、「不退転の覚悟をもって下館一高で頑張ってみる」と決意して寝床に就きました。翌朝、父に詫び、何時ものように自転車で登校した次第です。

――お寺の本堂で勉強をされたとお聞きしましたが、随分と変わったことをされましたね。

間もなく夏休みに入りましたので、その間、二つの方針を決めて学力の向上に努めました。一つは、英語力の強化ですが、高校の先生が自宅を開放して英語を教えていることを知りましたので、午前中はそこに通って約一か月、真剣に勉強しました。もう一つは、私の家近くに西光寺という浄土宗のお寺があり、その本堂をお借りして、泊まり込んで勉強することにしたのです。担当の先生が推薦してくれた参考書を購入し、英語を含めた全科目の学習に専念しました。「目標に向かって覚悟を決め、真直ぐに進んでいこう」としたのです。

当時は土葬でしたので、葬式の晩は少し嫌でしたが、そんなことは言っておられませんでした。こうして、お寺生活は、高校を卒業するまで続けましたが、その結果、一年生二学期の学業生成績は大分良くなりました。父に報告しますと、父は、「この調子でいけば、大学進学も夢ではなくなったなー」と独り言のようにつぶやき、大学進学を示唆してくれました。私と、年齢が一八歳しか違わなかったのですが、だんだんと父親の雰囲気を感ずるようになりました。三人の子供たちの本当の父親になろうという父の覚悟が、肌で感じられるようになってきたのです。

――そして、恩師との出会いがありました。

高校三年の間に沢山の先生に教えてもらいましたが、晩年まで交流を続けたのは、社会科教諭三浦順三先生でした。三浦先生は朝鮮半島のご出身で、太平洋戦争前に親族を頼って来日し、苦学されて中央大学法学部をご卒業、高等学校の社会科一種免許状を取得して、下館第一高等学校の社会科教諭として赴任されたのです。朝鮮語訛りの日本語でしたが、非常に熱心に教鞭を執られ、生徒間の人気は抜群でした。私は、一年生の時に一般社会を教えていただいたのですが、特に、新憲法の精神を徹底的に叩き込んでくれました。今でも時々「すべて国民は個人として尊重される。生命、自由及び幸福追求に関する国民の権利については、公共の福祉に反しない限り、立法その他の国政の上で最大の尊重を必要とする」という憲法一三条を引き合いに出して話しすることがありますが、この条文を覚えたのは、丁度その頃でした。それまでの日本の憲法つまり帝国憲法は、天皇主義憲法であるのに対し、新しい憲法は個人のためのもの、個人主義の憲法であるということを何遍も聴かされました。「国家中心の憲法から、個人中心の憲法へと一八〇度転換したんだよ」というのが口癖でした。先生は図書主任をされており、読書について多くのことを教えていただきました。文学全集を読むのも大切だが、新島襄、内村鑑三や新渡戸稲造といった宗教的な本も読むべきだとおっしゃられて、何冊も本を紹介してくれました。

――生徒会の活動をされたそうですね。

三浦先生の影響もあって、生徒の人権問題に関心を持ち、生徒会総会で時々発言していたこともありまして、二年生のときに生徒会会長に選ばれてしまいました。県下でも有数の大規模校でしたので、会長は三年生と決まっていましたから、苦労しました。特に、大学の学生運動が高校にも反映し、全学ストライキの騒ぎがありまして、「高校でも全学スト」と全国紙で報じられた事件がありました。全国紙の新聞記者と記者会見するという経験をしましたが、生徒会長の提案で、学校と生徒との話合いを持ち、何とか全学ストを回避することができ、「話合い」の重要性を経験しました。私の人格形成に影響した貴重な体験でした。

――関東の田舎では、同志社大学のことを知っている人は少なかったと思いますが、何が入学のきっかけとなったのですか。

西光寺の本堂で、夏は蚊に刺され、冬は厳しい寒さに耐えて真夜中まで勉強しました。その甲斐あって、高校の成績はその後も順調でした。そして、人権派の法律家になりたいという念願は、三浦先生のご指導を受けるようになってから、いよいよ強くなりましたね。二年生で生徒会活動とはきっぱり縁を切り、三年生からは受験勉強に取り掛かりました。ところが、一九五二年の六月頃、「同志社大学から推薦入学の募集が来ているので、検討してみてはどうか」と担任の先生に勧められました。推薦の条件を充たしているのと、岡本清一「新島襄」を感動して読んだ記憶がよみがえり、是非、同志社大学の法学部に入りたいと腹を決め、父と母に受験の相談をしました。母は京都では遠過ぎると受験に反対でしたが、父は逆に賛成してくれました。書類審査に通り、一二月に父に連れられて面接試験を受け、同志社大学に晴れて入学することになったのです。

大学生活

――宣教師のヘルパーとして働きました。

入学当時は下宿生活でした。下宿の近くにルーテル教会の伝道所があり、毎週日曜日、礼拝に参加していました。当時は、同志社大学の一般教育科目として宗教学は必修科目となっていましたから、キリスト教に関する本は随分読んでいましたし、特に新島襄の「書簡集」などの勉強もしていました。時折、キリスト教について質問したこともありまして、アメリカ人の宣教師デニス・コック（Dennis Koch）さんから、住み込みのヘルパーにならないかというお誘いがありました。就労条件をお聞きして、一九五四年五月からヘルパーとして働くことになったのです。父からの送金、奨学金とアルバイトで生活していたのですが、生活に余裕がなく、十分な書籍代も欲しかったので、その当時、月額五、〇〇〇円の手当てはありがたかったですね。三畳間の書生部屋での住み込みでしたから、部屋代も要りませんしね。仕事の中身は、ラジオ放送「ルーテル・アワー」の聴取者が送ってくる手紙の整理、週一回の自動車の洗車、宣教師による日本語の説教の点検、日曜学校のお手伝いなどでしたが、時間的な余裕がありましたので、大学の講義に支障はありませんでした。時間の許す限り図書館で勉強していましたので、図書館には私の指定席があったほどです。

――講義や授業の中身にはがっかりしたそうですが、どんな状況でしたか。

今もそうですが、法学部には法律学科と政治学科がありまして、学生数は、たしか収容定員一学年三五〇名、法律学科二〇〇名、政治学科一五〇名だったと思います。法律学科の専任の先生は、教授、助教授あわせて一〇名でしたが、法律学科の主要科目である憲法は一名、民法は三名、刑法は一名、商法二名で訴訟法はゼロという有様でした。不足分は非常勤講師で賄われていまして、率直に言ってがっかりしました。特に非常勤の先生は休講が多く、正直、まともな講義は皆無に近かったと思います。事前に法学部のことを調べて置けばよかったと残念に思いましたが、後の祭りでした。クラブは法学研究会に入り、学生同士でグループをつくり、憲法、民法、刑法に分かれて学習したり、法律討論会に参加するといった活動をしました。私は、憲法と刑法の学習会に参加しましたが、刑法が好きでしたので、小野清一郎著「刑法講義」や瀧川幸辰著「犯罪論序説」、木村亀二著「新刑法読本」などを参考書にして勉強しました。その頃、後に最高裁判事になられた東大の団藤教授は、「人格責任の理論」と題する論文を「法哲学四季報」という法律誌に発表し、大変な評判となっていまして、私もこの理論を勉強したいという気持ちが、次第に強くなってきました。

――教会の創立にも力を入れました。

法律学の学習に没頭する毎日でしたが、もちろん宣教師のヘルパーは続けていました。

伝道所は教会を建設する下準備のためにあるのですから、一定数のクリスチャンが誕生すれば、その人たちを会員とする教会が創設されるのです。一九五五年一二月のクリスマスの日に、「日本ルーテル恩寵教会」が京都市北区小山下河原町一四番地に誕生しました。ヘルパーとして、教会開設の仕事も手伝いましたので、その年は、土地建物の登記や電気、電話、ガスなどの契約事務に追われて多忙を極めたのですが、デニス・コック先生の手で洗礼を受けました。大学三回生、二一歳の時です。クリスチャン・ネームは、ペテロ・大谷です。私の人生の大きな転機でしたね。

井手先生との出会い

――井手尚彦先生と出会うことになります。

井手先生は、京大哲学科を中退し、ルーテル神学校を卒業して牧師になられた方ですが、約三年間旧約聖書研究のためアメリカに留学、丁度、日本福音ルーテル恩寵教会ができた一九五六年に帰国し、その教会の牧師として京都に来られたのです。

――目から鱗が落ちる思いをされました。

先生は、九月の最初の日曜日に、私にとって生涯忘れられない「人生問題～五つの真理」というタイトルで説教されました。人間いかに生きるべきかという人生問題は、①道徳的世界秩序（カント）、②幸福（ヒルティ）、③人生の目的（トルストイ）、④神（イエス）、⑤人生行路（パウロ）に絞られると説きます。説教は一時間に及ぶものでしたが、要約しますと、まず、絶対者としての神は、自己内在の神として、カントの言う道徳的世界秩序において実感することができる。そして、幸福とは、ヒルティが証言しているように、日々の仕事を真面目に果たすことによって得られる安らぎと、少しでも神に近づく人格完成の過程を意味するから、トルストイが目指したように人格完成を人生の目的として自覚し、キリストが啓示した絶対至純の愛の神を信じ、パウロのように神の使徒として生きて行くことが私たちの人生行路だと説かれたのです。

一回目の説教をお聞きして、パウロではないけれども、私は「目から鱗が落ちる」思いをしました。その頃、新島襄のキリスト教を勉強した自分の考え方と、ルーテル派の教義のずれに悩んでいましたので、余計に新鮮に感じたのでしょうね。同志社人が求めるべきキリスト教は、これだと思いましたね。

――キリスト教のことはよく判らないのですが、井手牧師の考え方は、何か独自なものがあったのですか。

東京神学大学教授で井手先生と五高時代の同級生であった北森嘉蔵氏は、先生を「独一の人」と呼んでいました。その独一性は、「聖化秩序の固有性」を明らかにした点にあると説いています。キリスト教神学では、「イエスの犠牲による万人の罪の償い」によって義と認められた者だけが聖霊によって清められ、人格を完成することができると考えてきたわけですが、先生は、十字架による贖罪の考え方は誤りであって、人格の完成を導くものは神の愛だけであると訴えたのです。

人間は、一人ひとりが直接に神と繋がり、罪の償いは各人が自らの責任においてなすべきである。人は、自らの自由意思によって、主体的に神と交わり、神を信じ、そして自ら努力して、一歩一歩神に近づくことが信仰生活の目標だというのです。これこそが人格完成へと辿り着く「聖化秩序の固有性」と呼ばれるものなのですね。「神とともに生きるか、それとも、神なしに生きるか、これが、本来、唯一の大事な人生問題であります。私どもは、私どもの自由意思の責任において、一人ひとりが、その選択をしていくのでありまようになりました。

す」と結んでいます。それ以来、真正の自由を愛する新島襄と井手尚彦が重なって見える

――先生は、牧師をやめてアメリカに移住されました。

そのとおりです。先生の考え方は、ルーテル教会の教義である「イエスによる贖罪観念」の否定に繋がりますから、日本ルーテル教会からの指弾を受けなければなりませんでした。先生は、キリスト教が国民の間で年々力を失って来ているのは、教会が人の罪を道具に人々を脅して信者を増やそうとしているからだと批判し、ルーテル教会は、もっと信者の自由を尊重した信仰活動を認めるべきだと主張されたのです。常々「自由のないところに進歩はない」といっていました。その意味で先生は徹底した自由主義者であり、個人主義者でありました。前に言いましたが、高校時代に三浦先生から個人主義を教え込まれたことを思い出し、神の見えざる手を実感した次第です。そして、新島襄の「自由こそ我が生けるモットー」、「人、一人は大切なり」という徹底した自由主義、個人主義の主張に出会ったのです。私の人生を振り返ってみますと、新島襄の教学の精神は、私にとって、当然の到達点だったと確信しています。

研究者へ

研究者の卵として

――大学院に入られるのですが、法学研究科で政治学専攻に所属されました。理由をお聞かせください。

学部時代の関心からしますと少し変ですよね。大学では、公法や刑事法に力を入れて勉強しましたが、特に、人生の目的を人格の完成に置くという井手先生の教えも影響して、団藤博士の人格責任論に興味を抱き、大学院では刑法を専攻しようと考えていました。しかし、残念ながら、法学研究科には政治学専攻と私法学専攻しかありませんでしたので、刑事法の科目が置かれている政治学専攻にはいりました。他の大学で研究者を目指す気はありませんでしたので、かなり変則ですが、刑法の研究ができないわけではなかったので、政治学専攻としたのです。

政治学専攻には、行政学の小松堅太郎、政治哲学の今井仙一、政治史の岡本清一、そして、憲法と日本政治史を兼担されていた田畑忍といった錚々たるメンバーがおられましたから、刑事法の科目は刑事政策しかなかったのですが、敢えて政治学専攻に入る決心をして、一九五七年四月に法学研究科政治学専攻修士課程に入学しました。当時は、新入生が少なく、法学研究科全体で新入生は数名に過ぎませんでした。単位は、特講・演習を別々に履修し、それぞれ四単位ずつ与えられ、必要単位は三〇単位でしたから、例えば、憲法特講・演習で八単位になるので、四科目を履修すれば必要単位を満たすことになります。私は、修士論文のテーマを「違憲立法審査権の比較法的研究」とすることに決め、指導教授は、田畑教授にお願いするという計画で研究することにしました。

――刑事法の研究は諦めませんでした。

結果的にはそうなりますが、井手先生の人生問題研究に傾倒しつつあったこと、刑事法の研究にとって政治学は極めて重要であることなどが理由で、ひとまず憲法で修士論文を書くことに決めたわけです。また、刑事法の科目として設置されていた「刑事政策」は、担当者も含めて、私の考えている刑法研究に資するものではないと判断していました。もし、適当な刑法の担当者がいて刑法を勉強する機会があれば、直ちに研究テーマを刑法に変えるということは考えていました。

――一年間は、政治学の科目を勉強されたのですね。

そうです。国家学、憲法、政治制度論、政治哲学等の科目を選択して講義に参加しました。どのクラスも四、五名の受講者でしたから、ゼミ形式の授業で、名簿順に与えられたテーマについて報告したあと教授が指導するという形式でしたが、憲法は別として、新しい分野を学ぶことができて、楽しく有意義でした。

――田畑先生から刑法の研究をしてみては、とのアドバイスがありました。

一年生の単位論文を書いていた頃、田畑先生から呼び出しがあり、「来年度から、刑法の秋山哲治教授が大学院の担当教授に昇進することになった。君は、もともと刑法を研究したかったのだから、秋山教授の指導を受けられてはどうか」というお話がありました。秋山先生は、同志社の職員でしたが、先任の教授が他の大学に移り、刑法担当の教員がいなくなってしまったので、田畑先生が推薦されて教員になられた方です。既に還暦に近いお齢でしたが、刑事責任に関する優れた論文があり、念願の刑法を勉強できるのですから、私としては願ってもない嬉しいアドバイスでした。

――秋山哲治先生が指導教授になりました。

早速、秋山研究室で先生にお目にかかりました。研究テーマを尋ねられましたので、人格責任論に関心があると申し上げると、ボッケルマンの原書があるので、読んでみてはどうかと言われるのです。実は、団藤先生の論文のなかで、ボッケルマンの著書がしばしば引用されていましたので、是非、一読してみたいと願っていましたが、当時滅多に手にはいらない「行為者刑法研究二巻（Bockelmann, Studien zum Täterstrafrecht I, II）」（一九四〇）が目の前にあるのです。本当に驚きました。ここでも神の見えざる手を感じましたね。

――一年遅れての修士論文ですね。

四月からの授業では、ボッケルマンの行為者刑法研究の内容を二〇回に分けて報告する形式で、一年間で読了しました。ドイツでは、メッガーとボッケルマンが人格責任論者の双璧とされていたのですが、読んでみると、残念ながらメッガーに匹敵する研究者ではありませんでした。そこで、修士論文では、人格責任論の系譜をたどりながら、ボッケルマンの行為者刑法研究の内容・意義を明らかにし、人格責任論の将来を展望するという形で法の研究に入ったので、修士課程を三年かけて一九六〇年三月に修了したのです。二年生から本格的な刑法の研究に入ったので、修士課程を三年かけて一九六〇年三月に修了したのです。

研究者への道程

――一九七〇年ごろまでは、修士課程を修了すると、助手になる人が多かったと聞いています。

そのとおりです。研究室に修士の学位記を持って御礼の挨拶にお伺いしたところ、秋山先生が「もし良ければ大学に残って刑法の助手にならないか」と申されました。即座に「宜しくお願いします」と返事をしましたね。これで研究者になれると思い、ほっとしました。その頃は、今と違って、修士課程を修了すると、修士論文を審査の対象として助手採用の人事が教授会で諮られ、その年の三月か四月に決定されたのです。私も当然そうなるものと心待ちにしていました。ところが、五月になっても先生から何の話もない。

――助手になれなかったのですね。どうされました。

六月になって、先生から君の助手採用には反対する教授がおり、また派閥の問題もあるので、暫く様子を見たいとのお話しがありました。残念でしたが、致し方ありません。人格完成のための「神の愛の鞭」と受け止め、何としても研究者の道を歩もうと覚悟を決め、アルバイト生活で頑張ることになった次第です。それから五年間、アルバイトをしながら同志社法学誌を中心に論文を発表しました。一九六二年には法学部非常勤講師を委嘱され、週一回二年生科目の「法学演習」を担当することになりました。不安でしたが、そのうち研究者になれるだろうとの願いも込めて、一二月に結婚をしました。

——同志社の教員を諦めかけたそうですね。

秋山先生は、その後も私の人事に苦慮されていたようで、一九六二年に私を刑法担当の専任講師として教授会に提案してくださったのですが、否決となってしまいました。それまでに論文を七篇発表していましたので、今度は通してもらえると期待していたのですが駄目でした。秋山先生から結果をお聞きし、ひどく落ち込みました。これで同志社での研究は無理になった、他の私学を目指すほかにないと考えたわけです。とにかく、将来、学位論文は書こうと考えていましたので、その後、「人格責任論の準備的研究」「人格責任論に関する二つの見解」「我が国における人格責任論の潮流」といった三つの論文を発表しました。すると、当時の秋山法学部長から、履歴書と業績表を持って部長室に来るようにとのお呼び出しがあり、「『一事不再理』のルールがあるので無理かと思うが、もう一度君の人事を提案してみる」と申されました。秋山先生の執念を感じましたね。私も一度否決された人事は再度審理されないという法学部教授会の不文律があることは知っていましたので、先生には申し訳ないが、「駄目元」の心境で資料をお渡ししました。

ところがです。一九六四年一〇月の教授会で、私の「法学部専任講師」が可決されたのです。秋山先生の執念と決断がなかったならば、現在の私はなかったわけで、秋山先生は文字通り私の「大恩人」なのです。

専任講師から助教授へ
——念願かなって、学校法人同志社に入社することができました。

私は、三〇歳で入社しましたので、助手を経験しないでいきなり専任講師です。同志社大学法学部刑法担当の専任教員として、小クラスの授業を担当しました。二年生用の「法学演習」と三年生用の「英書講読」です。二年経過して、一九六七年に助教授に昇進しました。小クラスのほかに、大教室で「刑法総論」を講義しました。一九六七年のことですが、その頃から同志社大学でも学生寮の運営問題等を皮切りに大学紛争が激しくなり、授業放棄や学長室・研究室のバリケード封鎖そして団交というように、激しい闘争が始まり、私自身も法学部の学生主任として思わぬ苦労を強いられました。

――それでも、著作目録を拝見しますと一九六八年から六九年にかけて、かなり沢山の論文を書いていますよね。

何としても学位論文を書き上げたいと思っていましたし、助教授になれたという達成感も手伝って、平均三時間ぐらいの睡眠時間で頑張りました。特に、同志社大学法学部のレベルアップを意識しました。法律学校として出発した立命館大学や関西大学の法学部と、一日でも早く肩を並べたかったですね。一九六八年から六九年にかけて判例タイムズ誌に六本、法律時報に二本発表しました。判例タイムズの論文は、「刑事責任の基礎」（一九六八・成文堂）に収録しましたが、この著書で昭和四四年度『刑法学会賞』を受賞することができました。私は、この本を「父」に捧げることにし、献辞として、次のように書きました。

「私の実父は昭和一七年秋に出征し、昭和二〇年の終戦をまえに、南洋トラック島において戦死したのであった。戦後の混乱期、特に農地解放という地主にとって決定的打撃を受けて、老祖父母と母子四人は、ただうろたえるだけであった。昭和二三年冬、上海に憲兵として従軍していた叔父が、戦犯の責を免れて、突如、帰還した。まだ独身であった叔父は、家族の窮状をつぶさに見て、一〇歳年上の母と結婚し、一四歳をかしらとする我々三人の子の継父となったのである。思えばそのとき、現在の私と同年の三四歳であった。父は、その後懸命に努力し、家を再興して、我々三人を無事に育ててくれたのである。私が研究一途に進んでこられたのも、全くこの父の犠牲があったからであった。ひたすら、甥姪の成長に心を砕いてきた現在の父に、私は、人間の心の美しさを見、併せて戦争が生む悲劇を感じるのである。今は、私の帰省を楽しみにする初老を装う父に、本書を捧げて、その献身的努力にささやかながら報いたいと考える」。

そのとき父は五一歳でしたが、父にこの本を贈ることができて、幾分、肩の荷が下りた気がしましたね。

――有名な「刑法研究会」に参加されました。

刑法改正問題は、戦後、紆余曲折をたどることになるのですが、一九五六年に「刑法改正準備会」ができ、五年後の一九六一年に「改正刑法準備草案」が公表され、法務大臣による刑法全面改正の諮問があって、法制審議会に「刑法改正特別部会」が設置されます。そして、一九七四年に「改正刑法草案」が発表されるのですが、その審議の過程で、時代遅れの刑法改正は容認できないとして、平野龍一、平場安治の両委員が特別部会の委員再任を拒否して、時代に即した刑法をつくるための「刑法研究会」を発足させたのです。全部で一〇名の会員でしたが、私は最年少でした。箱根の湯元などで合宿し研究会を開いて、新しい刑法のあり方を検討し、その成果は、平場・平野編「刑法改正の研究――改正草案の批判的検討」(一)(二)として発表され、大きな反響を呼びました。

しかし、刑法改正の重点課題である保安処分の検討の過程で、私は、犯罪被害者問題の重要性が気になりだしました。保安処分といいますのは、犯罪を行うおそれのある者を治療したり保護することによって、事前に犯罪を予防する制度なのですが、犯罪を犯すおそれだけで身柄を拘束する制度を刑法典に入れるかどうかが大きな問題となっていたのです。その頃、京都のある精神科病院で、見舞客を患者が殺してしまった事件があり、その被害者の父親の方から、法律相談を受けたのです。自動車事故ならばともかく、殺人事件については何の救済制度もないから、孫を抱えて途方に暮れているというのです。全く「殺され損ですね」と漏らされた言葉が、頭にこびりついていました。刑法改正での最大の課題は、保安処分を新設するかどうかにかかっていましたから、刑法研究会でも何度か議論になりました。私は、加害者である精神障害者の処遇も大切であるけれども、社会的にみると、被害者の救済のほうが喫緊の課題だと考えていました。

――留学はイギリスに行きました。当時としては珍しく、ドイツではなくイギリスに留学されたのですね。

そうです。一九六九年になりますと、大学紛争も大分落ち着いてきました。入社して五年経過した者は一年間の国外留学が認められるという制度がありまして、私も一九七〇年には在職五年になりますので、応募してみました。大学紛争で苦労させたという当時の脇圭平法学部長のご配慮で、一九七〇年度の海外留学を認めてもらいました。ただ、留学先が問題でした。当時は、刑事訴訟法学者は英米の大学を留学先としていましたが、実体刑法の場合は、ほとんどの研究者はドイツ語圏の大学に留学していたからです。しかし、私は、迷わずイギリスに決め、大学はオックスフォードにしました。イギリスでは一九五〇年代から犯罪被害者救済の研究が進められ、一九六四年には「暴力犯罪被害者の補償」が制度化されていたからです。しかも、それを推進した一人であるクロス（Rupert Cross）教授がオックスフォードの法学部におられる。そこで、「犯罪被害者補償制度の研究」および「イギリス刑事法改正の動向」という二つの研究題目で申請したところ、「Recognized Student」としての受け入れが認められ、二人の息子と家内を連れてロンドンに向かいました。留学前に何としても完成したいと没頭していた学位論文の執筆も終わり、羽田空港で慶応通信の編集者に原稿をお渡しし、無事出発することができた次第です。一九七〇年五月のことです。

――留学中の生活を教えて下さい。

ロンドンに住めば大都会の生活を経験ができるという家内の意見を容れて、たまたまロンドンに滞在しておられた藤倉東大教授のお世話で、マルクスの墓がある Higate Cemetory の近くに、庭付きのベースメントを借りて住みました。列車で週二回オクスフォードに通い、それ以外の日は、時々、ロンドンにある「Advanced Legal Studies」に通いました。

――研究課題の取り組みはどうでしたか。

指導教授のクロス先生は、幼少期の病気で完全に失明されていた方でしたが、オール・ソウルズ・コレッジに所属する法学部の教授であるとともに、ケムブリッジ大学のG・ウィリアムズと並んで刑事法改訂委員会の学者委員として活躍されていました。私は、毎週一回コレッジにある先生の研究室で二時間の指導を受けました。講義も週一回、クロス先生の「Criminal Law」を受講しましたが、教授用のガウンを着ての講義でした。一方、コレッジでは、いわゆるチューウーター方式の指導であり、クロス先生に予め「イギリスにおける刑事法改正」に関して質問事項を整理し、指導を受けました。その成果は、イギリス滞在中に「イギリスにおける刑事法改正の動向」というタイトルで法学セミナー（二二〇号～二二九号）に連載しました。一方、「Ozの魔法使い」をもじった「School Kids Issue Oz no. 28」という冊子にかかるわいせつ物配布罪裁判を題材にして、イギリスわいせつ法の将来を論じた「イギリス猥褻法の行方」は、三回に分けて法律時報四四巻四号以降に連載しました。肝心の犯罪被害者補償については、イギリス補償委員会の法律委員であり、また、バリスターであったM・セイヤーズさんの指導をいただいて研究をしました。その成果を「イギリスにおける被害者補償制度の運用状況」としてまとめ、三回に分けてジュリスト（五二一号、五二二号、五二三号）に連載しました。家内にイギリスの犯罪被害者補償制度を説明したところ、帰国したら日本にも是非制度ができるようにと励まされて、頑張って論文を書きましたね。こうして、一九七一年七月に、一五ヶ月の留学生活に終止符を打ち、帰国したのです。

犯罪被害者救済と立法運動

被害者補償の啓蒙活動

――犯罪被害者補償制度への社会の関心は、いかがでしたか。

犯罪被害者補償制度といいますのは、犯罪で殺されてしまった人の遺族や傷害罪などで怪我をした被害者に対し、国のお金で償う制度のことですが、イギリスでは一九六四年にこの制度を作って、現にうまく運用して救済の実を挙げている。日本でも、是非、やってみようではないか。こういう趣旨で、先ほど触れた「イギリスにおける被害者補償制度の運用状況」という論文を書いたのですが、思ったほど反響がありませんでした。一九七三年一一月に開催された第四七回日本刑法学会大会では、「被害者学と被害者補償」というタイトルで共同研究をしたのですが、団藤理事長は「大谷君、被害者問題を取り上げるのは一〇年早い」と総括されました。悔しかったですね。平野博士が大会終了後、「君は、日本の被害者補償制度の母だね」と慰めてくださったので、少し救われた気分になりましたが。

——団藤博士の発言の真意は。

被疑者や被告人といった犯人サイドの人権保障を重視した新しい刑事訴訟法が、ようやく定着してきたのに、いま、被害者問題を取り上げれば、被害者のために草の根を分けても犯人を逮捕し処罰するといった必罰主義が復活して、被疑者や被告人の人権が危うくなる。これが団藤博士の言いたいところだったのですね。そういう考え方は、弁護士会にもありましたし、学界にもありました。被害者の人権は、しばらくタブーにしておこうというわけです。しかし、犯罪という理不尽な仕業で命を奪われ、あるいは傷つけられて、心身ともに悲惨な状況に置かれているのに、国や社会は何の救済措置も講じないというのは、看過できない不条理ではないか。今の刑事司法は犯人サイドの人権保障に偏りすぎているのではないか。被害者の人権に配慮し、両者の調和を図る時期に来ている。そのためにも、まず、被害者の損失を補い償う経済的な救済制度が必要である。制度をつくるための戦略を考えましたね。当面、二つ考えました。新しい制度をつくるためには、何よりも世論の支持がなければ駄目。世論を喚起して制度の必要性を理解してもらうこと、これが一つ。もう一つは、政府、特に当時の大蔵省を説得する理論武装。

――世論の喚起のためにどうしましたか。

一般の方がたに救済が必要であることを理解してもらうためには、何よりも実態調査が必要です。そこで、ゼミの学生諸君に相談して、京都府下の殺人被害者遺族の実態調査と遺族へのアンケート調査をやってみました。一方、遺族の皆さんに相談して、一九七三年五月に「犯罪被害者補償制度を促進する会」を立ち上げまして、京都や東京で何度か会合を開き、その都度、ニュースとして報道してもらいました。意外と反響がありましたので、朝日放送のプロデューサーに相談し、犯罪被害者の実態についての番組制作をお願いしたところ、是非やりたいが、制度の趣旨、目的等が良くわからないので、朝日新聞の記者と合同で勉強会をしてくれないかということでした。早速、朝日新聞と朝日放送の社会部記者が我が家に集まって、勉強会をしたのです。

――三菱重工爆破事件が制度の新設に役に立ったといわれています。

勉強会の直後、一九七四年八月三〇日に三菱重工爆破事件が発生したのです。犯罪に巻き込まれた場合に被害者はどうなるのか。朝日新聞は、勉強会が効を奏して、当日の夕刊に的確な記事を掲載しました。読売新聞は、「償いなき死」と題する特集を組み、問題の深刻さを訴えました。NHKをはじめ殆どのテレビ局が、被害者補償制度は必要であるという観点から報道してくれたのです。私も、何度かテレビに出演し、一九七五年には犯罪被害者補償問題に関する法務委員会に参考人として招かれ、意見陳述も致しました。ともかく、被害者補償制度の創設問題が本格的に議論されるようになったのは、三菱重工爆破事件がきっかけでしたね。その意味で、あの事件は、被害者救済にとっては、記念すべき事件となりました。その後、「犯罪被害者補償制度を促進する会」は、「殺人犯罪の撲滅を推進する遺族会」会長の市瀬朝一さんにお任せし、私は、『犯罪被害者と補償～いわれなき犠牲者の救済～』(日経新書)や『被害者の補償』(学陽書房)などで、被害者救済の必要性とその理論的な根拠を明らかにして、制度新設の理論構成に力を注ぎました。

――犯罪被害者等給付金支給法は、一九八〇年に成立しますが、立法には直接かかわったのですか。

制度の立法化は、初めは法務省が積極的でした。法務大臣は、昭和五〇年の衆議院法務委員会の答弁で、「この制度がないのは文明国の名に恥じる」と述べましたし、法務省要綱案が新聞に発表されたこともありましたが、本格的な立法作業は警察庁が担当し、制度案の骨子が出来上がった段階で、係官から意見を求められました。後でお話しますが、丁度私が学長のときで十分な時間が取れなかったため、警察庁の数名の係官が京都までお越しくださり、大学の近くのホテルで法案作成のお手伝いをさせていただきました。一九七九年、私はドクターストップで同志社大学学長を辞任し、八〇年は休職中でしたが、その年の四月に法律が成立したのです。私が犯罪被害者救済に取り組んだ一九七一年から数えて一〇年目に、制度が誕生したのです。法案可決の知らせを警察庁官房長から電話で知らされ、「おめでとうございます」と祝辞を頂戴した時は、本当に感慨深いものがありました。

――木下恵介監督の「衝動殺人息子よ」に登場したそうですね。

先ほど触れた市瀬朝一さんは、一九六六年五月に、一人息子の清さんを殺人事件で失いました。事件は、近くに住む、当時一九歳の少年が、同僚と口論して「人一人殺せない意気地なし」とののしられ、誰でもかまわない、偶然に通りかかった人を殺そうと待ち伏せし、たまたま釣りをして帰ろうとした清さんを刃物で刺し殺したというものでした。清さんは、当時二六歳で、市瀬さんが経営していた仕事を手伝い、間もなく結婚の予定でした。市瀬さんは、仕事を続ける気力も失い、犯人の親や親類の者が、当時八万円の見舞金を持ってきたが受け取らず、生涯犯罪被害者の遺族をなぐさめ、その人たちのために働こうと心に決め、「殺人犯罪を撲滅する推進遺族会」を結成して、「殺人犯を皆死刑に！」をもモットーとして、二万六、〇〇〇人の署名を得て、一九六八年に国会に請願したのでした。しかし、議会や政府の反応は鈍く、会の活動が休眠状態となっていた頃、三菱重工爆破事件が起こり、新聞やテレビで私の存在を知ったのですね。一九七四年九月末に、目が不自由になっておられたため、奥様に手を引かれて、私の研究室を訪ねてこられたのでした。心を打たれましたねえ。初対面の私たちは、研究室で夜中まで語り合い、早速、運動の主目的を被害者補償の促進に置き、市瀬さんと私の会を合体して、市瀬さんに会長をお願いし、私は理論武装と啓蒙活動に専念する形で、顧問として会長を助けることにしたのでした。映画の主題は、市瀬さんが息子さんの死という悲劇を克服して、立法化に漕ぎ着けた点にあったことはもちろんですが、その間の私との交流が挿話として映画に取り入れられたわけです。

――大谷役は加藤剛でした。

そうです。私は「中谷教授」として登場するのですが、木下監督のお手紙では、「同志社出身の二谷英明君で行こうと思っています」ということでしたが、打ち合わせの必要があって、京都でお目にかかったとき、即座に、「二谷君では駄目だなー。加藤君に決めよう」といわれたのです。二谷さんは同志社大学出身なので候補に上ったようですが、二谷さんには悪いが、私も、加藤剛のほうが良いと思いました。ちなみに、毎年、一二月一日に犯罪被害者支援週間の記念行事が行なわれるのですが、今年は内閣府の行事として映画「息子よ」を上映して、その後、市瀬さんの思い出について私が記念講演をすることになっています。

学際研究に取り組む

――精神障害者問題に取り組み、法と精神医療学会を立ち上げます。

イギリスから帰って、被害者支援活動に力を注ぎましたが、一九七二年に浪人時代から研究してきた「人格責任論の研究」を世に送りました。これを学位請求論文として同志社大学に提出し、一九七三年の三月に法学博士となりました。刑事責任の理論は、なぜ刑罰という苦痛を科すことができるかということを課題とするものですから、いろんな学際的研究を踏まえる必要がありました。被害者問題もそうした研究の一環なのですが、同時に、通り魔的な犯罪者の多くは精神障害者であるとすると、その面の研究をして犯罪者の処遇に反映させなければならない。犯罪被害者問題から精神障害者問題へと関心が移り、精神科医、法律家、社会福祉関係の研究者などとの研究会を作り、その共同研究の成果に基づいて「法と精神医療」学会を立ち上げました。これについては、忘れられないエピソードがあります。

一九六八年ごろから、精神障害者の人権問題がやかましく論じられるようになったのですが、イギリスから帰国して、一九七一年の後期に最初の講義を開始しますと、三〇人ほどの赤ヘル集団が大教室に入り込んできました。久方ぶりに講義をしようと張り切っていた私のマイクを奪い、イギリスに滞在中に書いた「保安処分」に関する私の論文について精神障害者を保安のために拘禁するのは人権侵害であるから、保安処分を認めた記述を撤回せよというのです。議論は平行線のまま二時間ほど経過し、結局撤回しないですんだのですが、その後、精神障害者の法整備のあり方を中心に、精神障害者の医療と福祉に取り組んだことはいうまでもありません。成文堂から出した「精神保健福祉法講義」、弘文堂から出した「精神医療の法と人権」の二冊は、その成果ですね。

――臓器移植を皮切りに、医療問題に取り組みました。

最初に医療問題に取り組んだのは、臓器移植問題です。実は、子供の頃から私の心臓はかなり肥大しているといわれていまして、特に、外国留学時の検診で、心筋症という病名を頂戴しました。その当時は、心筋症の研究が余り進んでいないようでしたが、悪性の心筋症は心臓移植するほかに治療方法がないという説明を受けていました。今のところ機能的な問題はないようなので、今後は注意して医師の診断を受けるようにとのことでした。ずーと後で分かったことですが、悪性の心筋症は特発性心筋症というもので、私の心臓は単なる心臓肥大だったようです。

それから臓器移植問題に関心が向かい、一九七〇年頃から、刑法学者としては最も早い段階で脳死や心臓移植の法律問題の研究を始め、日本刑法学会で共同研究にも参加し、

「臓器移植をめぐる刑法上の問題点」という報告もしています。また、精神医療問題に取り組み、強制医療、薬漬け、入院中心の医療体制など、患者の人権という観点からすると、時代遅れもはなはだしい状況にあることが分かりました。さらに、一般医療においても、医師の独善的な治療、過剰医療、萎縮医療、実験的医療など、多くの問題を抱えており、医療に法律の光を当てる研究が必要であると考えたのです。一九七四年から七六年にかけて、かなりの数の論文を書きました。『医療行為と法』や「いのちの法律学」は、これらの研究をまとめて発表したものです。

学長就任から辞任へ

大学行政

――四二歳で法学部長になり、二期務められました。

イギリス留学から帰って、精力的に活動したことが認められたためか、一九七六年の四月から七八年の三月まで、法学部長を務めました。選挙で選ばれた瞬間、文字通り青天の霹靂でしたね。何せ四二歳でしたから。財政や教学そして人事というように、学部自治を尊重する同志社大学の学部の仕事は大変です。怒鳴りあいの教授会が何時間も続くようでは、いい結果は得られるはずがありません。短時間で冷静な論議を尽くすという方針で議事進行に務めました。それまでの不愉快な発言も少なくなり、前期ですっかり教授会の雰囲気が変わりました。もっとも、部長経験者の間では、「大谷部長が発言を封ずるのはけしからん」という不満は聞こえましたが。法学部の教学レベルの向上が至上命令でしたから、優秀な研究者をスムーズに採用できるような体制をつくる必要があったのです。

――アメリカで共同研究に参加されましたね。

法学部長職は、結構多忙ですので研究時間が取れません。研究の遅れが気になりましたが、部長一期目の夏休みを利用して、ボストン大学で開催されました第四回被害者学国際シンポジューム（International Symposium on Victimology）に共同研究者として参加し、日本の被害者補償の制度化について報告しました。英語が下手でしたから、ロンドン大学のフリーマン教授にお世話になって、パネリストとしての責務を何とか果たすことができましたが、それまで、犯罪被害者だけを取り上げてきたので、交通事故や労災事故など、事故や災害に係る被害者問題や戦争の被害者が議論されていましたので、被害者学の守備範囲について考えさせられました。

――大学の最大の課題は、田辺移転でした。どういう立場で対応されましたか。

部長になって、否応なしに大学全体の問題に目を向けざるを得ませんでした。学生数が二万人近くになり、今出川校地、新町校地だけでは狭過ぎて、学生は肩を寄せ合って生活しているようなものでしたし、文部省からは校地不足が指摘されていました。一方、田辺町には同志社が所有する広大な土地があるばかりか、一九八〇年には既に国際高校が開校しているのですから、何とか大学を田辺に移転したいと考えるのは、当時の学内の常識だったと思います。しかし、学生側は、大同志社構想反対を中心とした理由で反対運動を展開いたしました。また、これに同調する教職員がいたこともありまして、大学部長会や評議会で議論はされるのですが、田辺移転問題は一向に進展しませんでした。私は、田辺移転は同志社の発展にとって絶対に必要であり、大学執行部は是非推進すべきであるという立場で、大学部長会や評議会で当局を批判する発言をしていたのです。

――大学長に当選しました。

法学部長を何とか大過なく二期全うして、一九七八年に退任しましたが、引き続き大学評議員に選ばれて、田辺移転推進派として発言し、また、行動していました。一九七九年は大学長の改選の年に当たり、かなり激しい選挙の結果、私が八票差で選ばれたのです。四五歳でした。大学長としてはそれほど若いわけではありませんし、ケネディは四二歳で大統領になったのですから、「もって瞑すべし」の筈でしたが、本音のところ、もう一期後の次の選挙で当選したかったですね。記者会見でも、暫く研究に没頭したかったと申しましたが、偽らざる心境でした。間もなく法人庶務部から連絡があり、理事会に必要なので大学診療所で健康診断を受けるように指示され、診断を受けたのです。ところが、その晩、理事長から電話があり、医師の診断によると、心臓に疾患があるので、この際、学長就任を辞退されてはどうかということでした。前に心臓肥大といわれたことがあるけれども、日常活動に支障があるとは思いもよらなかったですから、本当に驚きました。翌日、一緒に選挙を戦ってくれた同士に相談したところ、「とことんやるしかない」と諭され、自分でも倒れるまでやろうと覚悟を決めていましたので、理事長に辞退する心算はない旨お伝えして、学長就任の辞令を頂戴したのです。

――大学長としての生活は、大変だったと聞きましたが。

一九七九年の一二月に辞任しましたから、実質八ヶ月ほどの学長生活でした。学内の意見が二分した選挙でしたし、心臓が悪いという噂も流れていましたから、大学三役の教務部長、学生部長、総務部長の成り手がなく、ほとほと困りました。それでも何とかお願いして、いずれも年上の方に就任してもらいました。入学式は栄光館で挙行することに決まっており、初めから混乱が予想されましたので、私の心臓を気遣われた診療所の医師が隣席に座って入学式が始まりました。予想通りヘルメットを被った学生数十名が乱入し、「入学式粉砕」を叫び始めましたので、学長として、入学式中止の宣言をしました。警察の機動隊が隊伍を整えて待機していましたが、機動隊導入は考えていませんでした。

学生は、私が田辺移転の張本人であることを理由として、ことごとく反対の態度をとり、まず、法学部の私の研究室をバリケード封鎖し、続いて学長室を封鎖しました。大学部長会、評議会等の会議はすべて新島会館で行い、前の大学紛争と同じ様相を呈したのです。そして、私の心臓病を計算に入れたような団交要求を繰り返しましたので、診療所の医師は京大の心臓内科の教授に診断を依頼し、その結果、急に走ったり、興奮するようなことは控えるようにとの指導を受けました。こんな状態でまともな大学運営はできるはずがありません。そこで、私が最も望んでいた田辺町の開発申請だけは命を掛けても実行しようと決意し、事務局に指示して、開発申請書を当時の荒巻副知事に提出したのでした。いろいろな事情があって、田辺移転問題は膠着状態になっていたのですが、ようやく動き出すことができたわけです。少し気分が晴れました。

学長辞任

――学長辞任は、新聞等で大きく取り上げられました。

田辺移転のために出てきた学長が辞任したのですから、学園にとっては大問題です。一方、学生は、田辺移転のために学費値上げをするのではないか、その辺を明らかにせよといった要求で、団交の申し入れをしてきました。一度は学生の前で所信を明らかにしなければ、と考えていましたので、七九年の一〇月に団体交渉に応じました。それほどの混乱はなく三時間ほどですんだのですが、連日対応に追われ、相当に疲れていたし、心臓も気になりました。そこで、自宅近所の第二岡本病院に入院しましたところ、主治医は、「これ以上は無理」との診断を下されたので一晩熟慮し、学長代理に診断書を添えて辞任届を提出した次第です。学内は当然混乱しましたし、私も直接・間接に轟々たる非難を浴びました。「学長を受けた以上は、死ぬまで頑張れ」「学長辞めるなら大学も辞めろ」といったものでしたが、私としてはこうした批判を甘受する以外にありませんでした。

――当分休職されて、八一年の初めから復職しました。

一か月入院し、八〇年の一二月まで休職させてもらいました。その間、何度か主治医の診断を受けましたが、結果は、京大の心臓内科の教授等と変わりませんし、生活指導も同じようなものでした。当分は、医師の指示に従って静養しなければと覚悟した次第です。一方、復職して暫くしてから、第二岡本病院院長の娘婿である高木先生が、京都市民病院の副院長を退職されて、第二岡本病院に勤務されたことを知り、改めて精密検査をお願いすることにしました。先生は、心臓内科の権威であり、アメリカを中心として、国際的にも活躍されている高名な医師でした。診察の結果、私が長い間悩み、心臓移植の勉強までした心筋症が、心臓移植を必要とするような悪質なものでないことが分かったのです。毎月一回は受診する必要があるけれども、急に走ったぐらいでは何ともないから安心して生活するようにと指導してくれました。嬉しかったですね。先生は、その後、京都で「高木循環器診療所」を開院され、数年前に亡くなりましたが、現在はご長男が院長として診療に当たられていますので、毎月一回通院しています。

――その頃、大阪大学教授だった瀧川春雄博士は、大学紛争が原因で大学を辞め、裁判官になられました。大学を辞めるつもりはなかったのですか。

随分と考えました。大学を放り出した張本人の大学復帰は歓迎されないですよね。責任をとってやめるのが筋かな、とも考えました。瀧川博士の例もあり、裁判官になったらどうかというお誘いもありました。もっと具体的に、近畿のある国立大学法学部では、非公式な教授会決議までしてくださって、代表者が拙宅まで勧誘に来てくれました。感激でしたね。ほぼ転勤の意思が固まったのですが、どうしても相談し、了解を得ておきたい門下生の同僚がいました。時間をかけて話したのですが、涙ながらに残留を訴えられ、どうしても賛同を得られませんでした。帰り道、初めは同志社大学の辞任を理解してもらえず残念に思いましたが、しかし、あれほどまでに自分や同志社を大切にしてくれる同僚がいるかと思うと、うれし涙がこみ上げてきましてね。先方の大学には申し訳なかったのですが、きっぱりとお断りしようということになりました。

――復帰後の仕事ぶりは、相当のものでした。

復職したものの、大学の皆さんには大変なご迷惑をおかけしたのですから、申し訳ない気持ちで、暫くは心が晴れませんでしたが、復職した以上は、研究・教育の面で、学部および大学の一層の発展・向上に全力を尽くそうと覚悟しました。その年に「医療行為と法」を出版しましたが、犯罪被害者救済問題も一段落しましたので、刑事法担当の教授として刑事法を研究し教育することを最重視すべきだと考えました。いろんな仕事が舞い込んできましたが、研究の中心は、刑事法の基本書を執筆することと考え、従来の体系を大幅に修正し、刑法講義総論、刑法講義各論、刑事政策講義、いわゆる刑事法三部作を世に問いました。正直、随分と苦労しましたが、いずれも版を重ね、多くの研究者、実務家、学生に読んでもらうことができて、今幸せです。

――学界や社会でも精力的に活動しました。

学界での同志社の評価を高めることが大切でしたから、一九七五年に日本刑法学会理事に最年少で選ばれて、とても嬉しかったです。後で触れますが、一九九二年から二期六年間、常務理事に就任して「刑法雑誌」の編集責任者を務めました。学会活動としては、日本被害者学会理事長や法と精神医療学会理事長もやりました。一方、大学の評価を高めるためには、政府の各種委員会の専門委員に就任することも大切なので、沢山引受けました。主なものを掲げてみますと、法務省所関係では、司法試験考査委員、法制審議会刑事法部会委員、法制審議会委員、人権擁護推進審議会委員などですが、特に、司法試験考査委員時代の一四年間のうち一〇年間は刑法科目の座長を努めましたし、刑事法部会では、部会長として、危険運転致死傷罪など多くの立法作業に従事しました。それらと併行して、研究者の国会といわれます日本学術会議の会員を一〇年余り務めることができ、「死と医療特別委員会」の幹事として、「尊厳死のあり方」（日本学術会議主催公開講演会）を纏めました。同志社大学の社会的評価を高めるのに、多少の貢献をしたのではないかとひそかに思っています。文部科学省関係では、文部省大学設置・学校法人審議会専門委員を五年、大学視学委員を八年間勤め、多くの大学の実情を視察することができ有意義でした。また、放送大学客員教授を四年間務め、放送による刑法の講義を経験しました。地域社会での活動としては、宇治市教育委員を四期一六年、京都市精神医療審査会長を一〇年務めました。さらに、京都府犯罪被害者支援連絡協議会会長を八年間やりました。

――法制審議会刑事法部会長時代には、多くの刑法改正を手がけられましたね。

はい。総長に就任した直後から、法務大臣からの諮問事項が増えました。刑法典の各則では、クレジットカードなどの支払い用カード電磁的記録に関する罪、亀岡の無免許運転者の交通事故で問題となっている危険運転致死傷罪、人身売買罪、自動車運転過失致死傷罪の新設を扱いました。また、殺人罪、傷害罪、強姦罪などの刑の引き上げ、強制執行妨害関係の罪やサイバー関係の罪の改正も実現しました。もう一つ、有期の懲役・禁錮の上限の引き上げも審議しました。いずれも答申通りに立法化されています。部会長は欠席できないので、日程調整が大変でしたが、政府委員は原則として七〇歳で定年となりますので、二〇〇五年以降は楽になりました。

――まだ沢山あるようですが省略して、京都犯罪被害者支援センターについて伺います。

犯罪被害者の支援については、前にお話したように、新しい法律ができて一定程度の補償が可能になったのですが、それだけでは不十分であること、いうまでもありません。本当に支援が必要なのは、性的犯罪の被害者のように、精神的な打撃を受けトラウマになった人やPTSDを患っている被害者の方がたなのですね。私も折に触れてその支援の必要性を新聞や法律雑誌で訴えては来たのです。しかし、法律が成立するまでの一〇年間、私の研究活動は犯罪被害者問題に集中していましたので、「被害者補償の大谷」で終わりたくないという研究意欲が湧いてきたのです。制度ができてからの一〇年間、中国や韓国に招かれて「被害者救済」の講演をしたこともありますが、研究のほとんどは刑法の解釈論に費やし、刑法学の体系化に専念しました。暫くの間、犯罪被害者問題に関心を払う余裕がなかったのです。

ところが、「犯罪被害者給付制度一〇周年記念シンポジューム」のパネリストとして出席し、時代の変化に驚きました。「被害者問題の先駆者であるはずの大谷は、被害者が社会の支援を待ち望んでいる現実をどう考えているのか」と叱られてしまいましてね。返す言葉もありません。そこで、被害者の皆さんの生の声をお聞きし、もう一度初心に立ち返って、犯罪被害を受けて人生を台無しにされてしまった人たちに正面から向かい合う心境になった次第です。一九九一年一〇月のことです。それから改めて被害者支援の勉強を始め、犯罪被害者は、犯罪による直接的・第一次的被害だけでなく、精神的被害などの第二次的被害に苦しんでいること、そのために救済や支援を求めているという実態があること、こうした救済や支援などの被害者のニーズには、警察や検察などの公的機関だけでは対応しきれないことなどが分かってきました。そこで、民間の支援団体を自分で立ち上げようと考えたわけです。京都にお住まいの有識者の方々に直接にお願いに上って相談し、一九九七年に発起人会議を立ち上げ、一九九八年に任意団体としての「京都犯罪被害者支援センター」を設立した次第です。

――今は、公益社団法人京都犯罪被害者支援センターとなり、直接的支援などのボランティア活動をされているのですね。

センターは、電話相談や面接相談、直接的支援といった支援活動を通じて、犯罪や交通事故等の災害などで被害を受けた人やその家族が抱えている悩みの解決、心のケアを支援するとともに、社会全体が被害者をサポートできる環境づくりを目的としています。正会員、賛助会員による会員組織とし、理事・監事、専門委員等を役員とし、三八人の訓練されたボランティアの相談員が実際の活動をしています。二〇一一年度の相談件数をみますと、殺人三件、暴行傷害四九件、強姦二二件、その他の性犯罪被害二六件など、併せて六四〇件を受理しています。毎週月～金までボランティアの皆さんはてんてこ舞いの活動をしています。五名の事務局員も大変です。

――会員三三二人、賛助会員一、〇六四人、法人・団体賛助会員一二二規模です。年会費は五〇〇〇円、賛助会員三〇〇〇円、法人・団体会費一口三万円ですが、財政的には非常に苦しそうです。

電話相談が多かった時期はそうでもなかったのですが、最近は、被害者と一緒に弁護士事務所を訪問したり、裁判所や病院に付き添う直接的支援が多くなり、支出が増えていています。もともと基金がないものですから、恒常的に赤字財政なのですが、警察官の皆さんや民間篤志家のご寄付、さらに府や市町村の財政的支援を受けられるようになり、何とか運営できている状況です。

――それにしても、ボランティアの方がたは、大変です。

ボランティアの皆さんは、交通費の支給だけで、悲しい、辛い体験を聞かされ、少しでも元気付けようと支援活動に取り組んでいるのですが、心身とも実に大変ですし、激務です。それでも、一〇年の経験を持つお一人は、「『たかがボランティアではないか』と言われないためにも、支援に携わる一員として、ボランティアであるが故に「人間力（人間性）の向上を目指しての研鑽が大切だと思っています」と語っています。頭が下がる思いですが、人格の完成を目指す人生行路の確かさに共感を覚えますね。犯罪被害は、誰に起こるか分からないのですから、その不運の犠牲を被害者だけに負わせるのは不公平であり、正義に反すのではないか。皆でその被害を穴埋めし、社会全体で支えていく連帯共助の精神、今風にいえば「共生」の思想をしっかり身につけることが必要です。そして、一人ひとりが他人の幸福を大切にするとともに、自分の幸福を追求できる健全な社会を作るという覚悟が、ボランティア活動の支えだと思っています。

――オムロン地域協力基金の「ヒューマン大賞」を受賞されましたね。

はい。ハンセン病患者の人権確保に尽力された大谷藤郎博士とご一緒に受賞しました。犯罪被害者の支援活動が認められての受賞で、大変光栄に思い感激しましたが、特に、賞金を被害者支援に使うことができて、ありがたかったですね。

同志社総長へ

――同志社大学は危機的な状況になっていました。

一九九九年に学校法人同志社の評議員選挙が実施されましたが、その一か月ほど前に、同僚から、今のままでは同志社はつぶれてしまうかもしれない。学長を辞めてから学校行政には一切タッチしないようだが、そろそろ同志社のために総長を考えたらどうかと諭されました。資金運用問題で当時の理事長と総長の間がギクシャクしているということは、新聞等で知っていましたし、学内世論が二分しているのは大変困ったことだと思っていました。しかし、以前に学長辞任で大学に大変な迷惑をかけたのですから、その分、自分は定年まで教学の面で大学に貢献したいというのが率直な気持ちでした。一九九五年に、新しいタイプの大学院、総合政策科学研究科の初代の研究科長になったときも同じ気持ちでしたが、今度は総長を目指すということですから、いろいろと考えました。しかし、法人評議員なら良かろうと考え、法学部の組合支部から選出されて評議員になったのです。一九九九年のことです。

――当然、学校法人の理事になられたのですね。

評議員が決まりますと、組合選出の新評議員間で理事候補を決めるのですが、理事はクリスチャンでなければなれません。一人だけしかクリスチャンがいなければ問題ないのですが、そのとき私ともう一名がクリスチャンでしたので、組合選出の評議員間で懇談会が開かれ悶着がありました。結局、座長の判断に任すということになり、私が選ばれたのです。新理事会が成立したのは八月です。理事に就任すると、色んな動きがあり、対立の深刻さを実感しましたね。年齢や経歴から見て理事長は私が適任であるという理事も現れました。私は、先ほど紹介しました法務省人権擁護推進審議会の委員として、スウェーデンとイギリス両国の調査のため海外出張が予定されており、理事長選出の理事会は欠席することになっていましたので、何方のご意見にも賛成しないまま成田空港を飛び立ちました。私の留守中に、理事長重任で決着したのでした。

――総長選挙まで二年近くありました。

学内の対立は、資金運用にかかる欠損の責任問題から派生したものですが、バブル崩壊後、証券取引等で損をした学校法人はかなりありましたが、裁判沙汰になった学校は珍しかった。しかし、同志社では学校法人同志社が前理事長等に損害賠償を求める民事裁判を起こしたのです。私にとっては驚きであり、いずれ大問題に発展すると思っていましたが、案の定、これに賛成するグループと反対するグループとの対立が激しくなり、非常に険悪な状態になっていました。

その頃から、このままだと、同志社大学は崩壊の一途をたどるという危機意識が鮮明になってきました。学校行政にはタッチしないという態度は、最早許されなくなってきている。幸い、自分は両派いずれにも加担したことがなく、いわば中立の立場を採ってきたのだから、学長の経験を生かして、難局を乗り切ることができるかもしれない。そう思うようになりました。信頼できる同志と相談しながら、「対立の克服」と「融和と協調」を最重要課題として位置づけました。そして、同志社の教学の特色である一貫教育を見直そうと考え、今出川にある中学校と岩倉の高等学校を統合して、新たに小学校をつくる。この二つをマニフェストとして掲げ、選挙の準備に取り掛かりました。

——総長に就任して間もなく、対立を克服するチャンスが到来しました。

　大きな混乱もなく諮問選挙の一回目の投票で過半数を得て決着。二〇〇一年四月、一七代目の総長に就任しました。課題の大きさを実感し、身の引き締まる思いがしました。学校法人同志社が起こした損害賠償請求の裁判が、就任して間もない四月二〇日に京都地方裁判所で開かれ、判決が言い渡されたのです。被告である前理事長に対する請求は棄却、もう一人の被告である事件当時の財務部長には約四、四五〇〇万円の支払いを命じたのです。判決を読み、私は、これを紛争解決のきっかけにしようと決意し、理事長に判決への対応は私に任せてくれるよう頼みました。代理人を通じての和解交渉では双方の主張が食い違い、容易に合意が得られませんでした。長時間のやり取りの末、①学校法人同志社は四、四五〇〇万円の賠償金の支払いを免除すること、②前理事長は、「理事長在任中における……基本金引当資産の運用に関し、法的責任のないことが認定されたが、指揮監督に不十分なところがあり、遺憾の意を表する」こと、③これをもって資金運用問題は解決したことを相互に確認すること、こんな趣旨で合意に達し、理事会で承認されました。難航の末の結論でしたね。

学園の改革（一）

大学での改革

——大学の改革が一挙に進みました。

一九八六年四月から、困難を克服して、ようやく大学、女子大学がそろって田辺校地での授業を始めました。女子大学はそれに伴って短期大学部を作り、二〇〇〇年には現代社会学部を創設するというように、時代の要請をすばやく読み取り、それに対処していました。

一方、大学は、一九九四年に工学部と工学研究科を田辺校地に移転し、新しいタイプの大学院である総合政策科学研究科をつくりましたが、学部の新設は容易に進捗しませんでした。いろいろと問題があったのですが、一つの、そしておそらく最大の障害は、資金運用問題を契機とした学内教職員の対立だったように思います。そこで、大学評議員や法人理事の皆さんにお目にかかり、時代遅れにならないためにも、学部の新設を急ぐべきだと説いて回りました。大学長に請われて、直接説得役も引受けました。そしてできたのが政策学部です。一九四九年に商学部と工学部ができて六学部制となって以来、五五年ぶりの新学部です。総長の役割を超えて動いた嫌いもありましたが、「大学が動き出した」という実感を覚え、同志社総長としてたいへん安堵した次第です。それからは、大学執行部の努力と、理事会内の対立が解消されて、学部の再編や新学部の設置と続き、来年（二〇一三）には一四学部になります。たった八年の間に学部の数が倍以上になったのですから、驚きです。もっとも、ようやく大手の大学並みになったというのが本当のところですが。

中高統合と小学校の新設

――今度は、一貫教育の見直しです。何から手をつけれましたか。

私は、一〇年前の同志社創立一二七周年記念式典におきまして、「総合学園としての同志社が他の学園に劣らぬ特色を打ち出すためには、何よりも同志社の一貫教育体制を抜本的に検討し、二一世紀にふさわしい教育・研究の理念を樹立し、その方針の元に教育・研究事業を展開する必要がある」と申しました。

――しかし、総長の立場でできるものは、限られています。

同志社総長の役割についてお話しておきましょう。私立学校を規律するための法律として私立学校法があるのですが、この法律には、総長の規定はありません。一方、同志社の憲法ともいうべき寄附行為は、「各学校の教学を統轄するために、この法人に総長を置く」（四条）と定めています。つまり、学校法人同志社が設置している各学校、すなわち同志社大学、同志社女子大学、四つの中学校・高等学校、二つの小学校、同志社幼稚園そして国際学院国際部（インターナショナル・スクール）というように、一四の学校があるのですが、寄附行為によりますと、総長の職務はそれぞれの学校を統轄することにあります。統轄とは、辞書によりますと「統べ収めること」という意味のようですが、要するに、別々になっているものを一つのものにまとめるということです。同志社について申しますと、各学校とも独立採算制をもとにして、財政、教学および人事すべてが独立ということになっていますから、ある意味で学校はばらばらです。この独立した学校を、同志社教学の理念に基づいて、一つのものにまとめ挙げるのが総長の仕事ということになります。

――各学校の統轄のために、どんな仕事が予定されているのですか。

もう一度寄附行為を見ますと、「この法人は、教育基本法および学校教育法に従い、キリスト教を徳育の基本とする学校を経営し、もって教育の実を挙げることを目的とする」（二条）と定めています。ですから、各学校がキリスト教を徳育の基本とした教育を実践するようにすること、これが総長の主な仕事ということになりますね。もちろん、教育基本法、学校教育法といった法律は守る必要はあります。

――キリスト教を徳育の基本とするために、キリスト教主義を標榜しています。

この寄付行為から導かれていますのが、キリスト教主義です。これを全学的に展開するためにキリスト教教育委員会を設置していまして、各学校から選出されたキリスト教教育委員を構成員とし、総長が委員長になって、全学的な行事や事業を審議し、決定しています。大学ではキリスト教文化センターが、女子大学では宗教部が、また、各学校では宗教主任等が礼拝や奨励等についての実際の活動をされています。六年前から、新入社員を対象とするキリスト教主義教育講演会も主催しておりまして、同志社教育の理解に大いに寄与しているようです。

――同志社教学の理念として、さらに自由主義、国際主義が掲げられていますが。

同志社教学のプリンシプルとして、私も入学式や卒業式の祝辞で、キリスト教主義、自由主義、国際主義を掲げることにしています。詳しいことは申しませんが、キリスト教主義は当然として、自由主義に関しては、自治自立主義のほうがよいのではないかとも思い、実際に使ったこともありました。しかし、新島が真の自由を愛し、「自由こそ我が生けるモットー」と明言していた点を考慮して、只今は、「自由主義」を使うことにしています。女子大学では、自由主義に代えて、より広い意味でリベラル・アーツ教育をうたっていますが、自由主義教育と矛盾するものではありません。

一方、国際主義は、新島の経歴や考え方、また、同志社人の国際的な活躍の歴史を踏まえて、一つのプリンシプルになったと思っていますが、同志社でいう国際主義教育は、国際交流を盛んにし、グローバルな視点に立って物事を理解し、判断し、行動できる国際社会で通用する人物、そして、何よりも世界平和に貢献する人物の育成を目標とするものです。先ほどのキリスト教教育委員会と同様、国際主義教育委員会を組織し、総長が委員長となって、各学校から選ばれた国際主義教育委員とともに、学校法人同志社の一層の国際化を推進する努力をしています。大学では国際連携推進機構、女子大学では国際交流センターが推進機関となり、また、各学校は国際教育センターないし委員が実際の活動を行なっています。

――良心教育は同志社ブランドであるともいわれますが、その中身が良くわかりません。今言われた教学理念との関係を説明してください。

新島は、「良心の全身に充満したる丈夫の起こり来たらんことを」といったり、「一国の良心」というように、良心という言葉をしばしば使っていますが、「良心」を定義したり、説明をすることはしませんでした。学校の行事等でしばしば使われていながら、また、「良心館」といった建物の名前にまで使われていながら、その内容について公式に議論してこなかったのは、総長として怠慢の誹りを免れませんが、私は、水谷神学部長の優れた研究などに学びながら、一応、このように考えています。

英語の良心――conscience には「共に知る」という意味があり、人と対話し、また神との対話を通じて物事を判断し、決断するという「心」が良心であり、良心教育とは、発達段階に応じて、神との対話を通じて物事を決めることのできる人間を育てるということ、これに尽きると考えています。そうとすれば、園児、児童、生徒そして学生一人ひとりは、神様との対話ができるように、キリスト教主義、自由主義、国際主義に基づく教養を身につけていなければならない。私が、卒業式の祝辞等で、キリスト教主義、自由主義、国際主義を基礎とした『良心教育』が同志社ブランドであるといっていますのは、そういう趣旨からです。

――同志社の一貫教育の重要性を説かれていますが、なぜ一貫教育でなければならないのでしょうか。

二〇〇一年、総長に就任早々、全国私立大学付属高等学校・中学校教育研究会が同志社で開催され、「教育理念と一貫教育」というタイトルで講演をしました。結論として、少子化時代の学校では、「教学の理念を明確に打ち出す必要があること」、「教学の理念の元に大学を中心として、学園全体が一つの共同体として相互に連携し、目標とする人材の輩出のために努力すること」が必要であることを訴えました。そこで、学内の各学校は、先ほど整理した教学の理念に基づいて一貫教育を展開し、学園の充実を図るべきではないかと考え、二〇〇四年に「同志社一貫教育委員会」を立ち上げた次第です。

なぜ一貫教育が重要かということですが、ここ暫くの間に中高一貫教育とか小中一貫教育を標榜する学校が増えてまいりました。しかし、それは同志社と違って、もっぱら学力の向上を目的とするものなのですね。同志社の一貫教育は、推薦制度を活用しながら、幼稚園から大学院まで、発達段階に応じて良心教育を貫き通し、「地の塩」として働き、「世の光」として輝く優れた同志社人を世に送り出すという意味での一貫教育です。

――一貫教育委員会は、現在、どうなっていますか。

総長就任当時の各学校の状況を見ますと、先生方の交流は主として校長先生間のものだけであったように思い、教学の理念の下に各学校が相互に協力し合うという関係にはなかったと思います。大学、女子大学への推薦制度およびその実施が中心でありまして、先生同士の交流は余りなかったというのが私の認識でした。そこで、二〇〇二年五月に、全学的な一貫教育推進委員会を設置しまして、①一貫教育の理念の明確化と具体化、②中高大連携への取り組み、③学内高校から大学・女子大学各学部への推薦制度の改善を諮問いたしました。その結果、一貫教育の推進を目的とする「一貫教育委員会」が発足したのです。一貫教育調整課を事務局とし、委員長および幹事の献身的な努力によりまして、現在、あらたに二つの事業が展開されています。一つは　同志社合同学校説明会でありまして、幼稚園から大学までの進学希望者を対象として、総長が「同志社の一貫教育」と題する講演をし、各学校の入試関係の代表者が学校の説明をします。そのあと、ご父母等の個別の懇談に応ずるというものですが、二〇一二年度は大阪と京都で実施し、それぞれ五〇〇名以上の参加者がありました。学校の広報活動としても有意義でありますが、各学校の教職員のコミュニケーション、先生方相互の交流にとっても貴重なものとなっています。もう一つは、同志社研修・交流会でありまして、一年に一度ですが、四つのグループに分かれて研究報告をし、討論するというものです。私も、一五分ずつ各グループに参加していますが、先生方のレベルの高さに敬意を表している次第です。その後、懇親会を持つのですが、教科ごとに分かれて、例えば、数学のテーブルには数学担当の先生方が話し合えるように工夫されていまして、先生方の交流にとって、貴重な体験になっているものと確信しています。

――先生方の人事交流は進んでいますか。

残念ながら、実現していません。職員につきましては、年限を決めて人事交流が実施されていますが、先生同士の交流は実現していません。前にも言いましたが、先生の交流は、学校運営にとって絶対に必要なものですから、各学校の自治自立を前提としながら、きちっとした制度を決めて、実現するように切望したいですね。

――法人内中学校・高等学校スポーツ交流試合が盛んになってきましたが。

七年ほど前、現在の同志社サッカー部OB会長から、学内中高校サッカー部の対抗試合に総長杯を寄付して欲しい旨の申し入れがありました。一貫教育の発展にとって大変有意義な話でしたので、事務局にお願いして総長杯を用意いたしました。同じように交流試合を実施していましたバスケット部からも申し入れがありましたので、一二月のひどく寒い日に、京田辺のサッカー場で中学校・高等学校それぞれ三チームずつ、六チームの対抗試合が実施され、また、体育館では女子大も加わり対抗試合がおこなわれまして、それを第一回総長杯スポーツ大会と致しました。その後、野球部、テニス部、ラグビー部が加わり、それぞれ中学校と高等学校の優勝チームに総長杯を授与しています。多くの先生方がお互いに知り合い、交流が盛んになっているばかりでなく、生徒同士、ご父母、さらにOB会の皆さんが連携するようになってまいりました。予想外の収穫で元気付けられている次第です。参加クラブがさらに増えることを大いに期待しています。

――サッカーチームのロンドン遠征に同行されたそうですね。

国際主義教育委員会の肝いりで、同志社中高、香理中高、国際中高のサッカー部から四五名の派遣選手を募ってロンドンに遠征し、私も団長として同行しました。三中高の先生方が協力し合って、生徒達を引率・指導され、生徒たちにとって大きな成果、影響を残されました。先生方やOBの皆さんの無私の努力に頭が下がりましたが、同時に同志社の底力を感じましたね。国際主義教育のために考えられた行事でしたが、それと併せて、同志社一貫教育にとっても、プラスになったと思います。

――話は変わりますが、立石ファンドというものができたそうですね。その狙いは。

同志社の国際主義を意識して作られたのは、女子大学学芸学部の国際教養学科でしたが、大学のほうもグローバル三〇に選ばれて、国際化のために本核的な活動をしているのに対し、学内中高での国際化は、さらに推進すべきではないかと考えていました。そこで、「英語の同志社」といわれた時代を復活できないかという話しをしていましたところ、オムロン株式会社の元会長で、現在、同社の特別顧問をされ、さらに同志社の理事もお願いしている立石信雄さんが、「一肌脱ごうか」といわれて、多額の寄付を申し出てくださったのです。五年間にわたってのご寄付ということですので、「立石ファンド」と名づけて、英語力向上のために使わせていただくことにしました。今年は、英語大会を中心に事業をした次第です。通常の授業をなさったうえで、各学校から国際交流担当の教員および英語科教員、延べ一七名の先生方が会議や運営に参加してくださり、非常なご苦労をおかけしたと思います。しかし、緊密な連携のもとに実施していただき大成功でした。立石ファンドは、国際主義教育のためのものですが、ここでも、先生方が協力・連携しあって共同体としての同志社の発展・進化を目指すという意味で、同志社一貫教育の一つの場面であると考えています。

定年後

――大学も定年となりました。

二〇〇五年に古稀を迎え、総長二期目に定年となりました。一九六五年に三〇歳で専任講師として入社しましてから四〇年間を務めたことになります。法学部の配慮で「私の最終講義―最近の刑事立法について」というタイトルで退職記念講演をさせていただきました。講演の最後に、「幸いにして、私の弟子筋に当たる刑法学者は十数名になりました。私立大学としては、多くの研究者を育てることができたと満足しております。これらの諸君が、日本の刑法学会で大きな勢力となり、大活躍してくれることを期待したいと思います。同時に、同志社大学法学部が世界に羽ばたく学部となりますことを、心か切望します」と結びました。退職する一年ほど前、私の研究室から巣立ちました諸君と出版社で、古稀記念論集の編集を準備してくれたのですが、杜甫の詩にありますような「人生七〇古来稀」という時代でもなかろうといった気持ちもありまして、辞退いたしました。しかし、こうした心温まる行為に報いるために、また、私が自らの古稀を心に刻んで、明日に挑むという思いもありまして、「明日への挑戦」（二〇〇四）というタイトルの本を著した次第です。

――中国との交流が始まりました。

交流の背景を申しましょう。二〇年ほど前、中国武漢大学法学院助手の簡明君は、私を指導教授として、法学研究科修士課程に入学してきました。二年間で「日本刑法および中国刑法における構成要件論」と題する修士論文を書き、法学修士となったのです。しかし、その当時、中国の大学研究者に対する待遇は相当厳しいものがあったようで、箇明君は、アルバイトで生活しても日本に残りたいという強い希望をもっていたのですが、武漢大学との関係もありましたので、私は、本人の意思を無視して帰国してもらいました。ところが、帰国後、カメラや電気器具等を不正に持ち込んだという理由で武漢大学を辞めさせられてしまったのです。日本語は達者でしたし、研究者としても優秀だったので非常に残念でした。その後、中国三洋電機の部長として活躍していまして、数年前にお目にかかる機会を得ましたが、「私は今でも先生の弟子と思っています」という言葉を聞いて、彼の帰国当時のことを思い出し、ほっとするとともに、たいへん嬉しく思いました。

――清華大学法学院などにも弟子がいます。

箇明君の後に、日本の文部科学省の留学生として法学研究科に入学してきたのが黎宏君です。黎君も武漢大学法学院の卒業生ですが、成績優秀で文部科学省の留学試験にパスし、同志社大学の法学研究科修士課程を志望して入学を許可されたのです。修士課程を二年で終了し博士課程に進み、「企業の刑事責任」と題する論文で博士の学位を取得しました。

同志社大学大学院で課程博士になったのは、彼が第一号です。簡明君の研究もそうでしたが、まず、日本の制度や日本人の研究をきちっと整理し、それを土台として中国の問題状況を明らかにし、比較法的な手法で問題の解決を導くという研究でした。

中国では、一九七六年の九月に『毛沢東』が死亡し、翌年一〇月には江青など四人組が逮捕されて文革が終わり、ようやく秩序が回復して、一九七九年に新しい刑法が制定・公布されたのでした。黎君は、到来しつつある資本主義化の時代にふさわしい研究をしようと、意欲的に研究に取り組みました。そして、レベルの高い論文を書き、それが評価されて、清華大学法学院に招かれたのでした。清華大学は理工系ではトップクラスの大学ですが、法学院は新しく作られた学部です。しかし、一流大学をバックにした学部として、今では躍進する法学院といったところで、黎君は教授として中国刑法学会で辣腕を振るっているようです。日本の大学にも毎年講演に来ているようで、その度に拙宅に連絡してまいります。ちなみに、私の刑事法講義三部作をすべて翻訳して出版してくれています。お蔭で、私は中国の大学生の間では「最も知名度の高い刑法学者」といわれているようです。

もう一人の刑法学者は、王昭武君です。中国丸紅飯田の社長秘書から転進して武漢大学法学院を卒業し、同志社大学大学院に入学。私の指導で法学研究科課程博士の学位を取得し、蘇州大学王健大学法学院刑法担当の副教授として活躍しています。

——中国との学術交流に寄与してきました。

中国との学術交流で忘れてならないのは、一九九四年から始まった「日中刑事法学研究会」です。早稲田大学の西原春夫名誉教授と中国人民大学法学院の高銘暄教授が立ち上げたものですが、二一世紀に入ったので、面目を一新するため、「二一世紀日中刑事法学学術討論会」と改められ、私も二〇〇一年からこの討論会に参加することにしました。第一回は北京で開催されたのですが、例の九・一一テロ事件が発生し、中国人民大学の趙秉志教授が緊張した表情で会員に知らせてくれたことを思い出します。

その後、武漢大学と吉林大学で開催され、日中刑事法の学術交流が進められたのですが、二〇〇三年には、同志社大学で「二一世紀第三回日中刑事法討論会」を開催しました。経済犯罪をテーマとした討論会でしたし、関西の大学や財界にも開放しましたので、二〇〇名からの参加者があり、充実した研究会になりました。日中の学術交流にとって貴重なものとなりました。その後、武漢大学で客員教授として講義とゼミを担当し、また、中国人民大学客員教授として、講義を担当しました。現在も、両大学と交流を持っていますが、特に、趙教授は、中国、韓国、日本の刑事法学者で「東アジア刑事法学会」を作ろうということで、度々、中国への出張を求めてきています。

学園の改革（二）

中学校の移転問題

――中高統合問題と併せて、同志社小学校の新設問題が浮上しました。

前にも言いましたが、私の総長としての使命は、一つは資金運用問題を円満に解決すること、もう一つは、同志社一貫教育体制を確立することだと考えてきたわけですが、その一環として、同志社小学校の新設を計画しました。ご存じのように、新島は、「基督主義の学校は幼稚園より大学に至る迄実に必要なものと信ずれども、当時我輩の力尚微々たり、尽くこれに着手得ざるべし」と述べていました。同志社教育は幼稚園から大学に至るまで一貫した教育を実施することで初めて完成するというのですね。新島の夢を実現するのは、総長としての責務だと考えたわけです。

――総長就任以前から法人に計画はあったようですね。

はい。一九九六年に同志社創立一二五周年記念事業の一環として小学校を設置する構想が浮上し、「同志社小学校（仮称）設立構想委員会」ができていました。私は、一日でも早く方針が決まることを望んでいましたから、構想委員会の答申を待っていたのですが、結論が出ないままでした。そこで、改めて小学校設置検討委員会と設置準備委員会を計画し、理事会の承認を得て、自ら各委員長として基本計画の策定および設立の準備に取り組んだ訳です。

――同志社中学校の移転問題が浮かびあがってきました。

一貫教育の充実という観点からしますと、同志社中学校と同志社高等学校とを統合することの方が優先します。特に、財政の効率化にとって統合は避けられないと考えまして、小学校設置と中高統合を併せて解決する方策に腐心しました。中高統合も、実は、相当以前から両校の間で検討されていたと聞いていましたので、両校長から事情をお聞きし、用地問題を解決するうえでも、小学校設置と中学校の移転統合を併せて審議・決定する方法が適切と考え、併合的処理の方を選んだのです。同時に、中学校が移転すれば、大学が跡地を利用できる。決定に漕ぎ着けるのには、大変な努力を要するけれども、何とかクリアできれば、同志社一貫教育にとって極めて有意義と考えました。もっとも、反対論はどちらにもありましたから、それだけ議論は沸騰しましたので、苦労しましたよ。

——中学校の教職員と直接話合いをされたそうですね。

はい、やりました。中学校の教職員の間で、中高統合問題ばかりでなく小学校についても強固な反対論者がいると聞いていましたので、中学校の校長先生に、私が行って説得しましょうと申し上げたところ、了解してくださったので、異例のことでしたが、夕刻から教職員会議で、かなり激しいやり取りをしました。発言は、主に反対の立場の先生方でしたが、中高統合および移転や小学校設置の意義を中心に、できるだけ丁寧に説明しました。校長先生とは、絶えず意見交換をし、意思の疎通を図りましたが、大変なご苦労をおかけしたことを、今でも後悔しています。結局、後日、校長が賛否の決を採り、一票差で賛成となった次第です。こうして、二〇〇四年五月に、学校法人同志社は、同志社小学校の設置を機関決定しました。同志社小学校は、ご存知のように、同志社大学附属校として二〇〇六年に開校し、昨年完成年度を迎えました。聞いてみますと、兄弟または姉妹を全部同志社小学校に入学させてくださるご家族が多いということで、嬉しい限りです。貴重なＰＲとなっています。

――岩倉に小学校、中学校、高等学校ができたのですから、一貫教育体制は一層充実することになりますね。

中高統合の準備やその実施については、いろんな問題がありましたが、関係者のご尽力で二〇一〇年に「同志社中学校・高等学校」が誕生しました。岩倉の地に、小、中、高と三つの学校が揃ったのですから、同志社の一貫教育体制はより本格化し、全国に誇ることのできる初等・中等教育の新しい可能性が誕生するものと期待しています。特に、小学校と中学校の連携は、とてもうまく行っているようです。

一方、中学校と高等学校の連携は、もう一つというところです。とりわけ、財政、人事、教科等の連携が十分でない点が問題です。ただ、一九四九年以来六〇年近く別々に独立して運営してきた学校同士ですから、一気に他の学内中高と同じようにするのには無理があると思います。総長としては、まだ三年目ですから、理事会で決定されている「統合」の目標を堅持し、できるところから連携・協力していく努力は怠らないようにしていただきたいのです。現に、教科によっては、既に先生方同士の連携・協力体制ができつつあると思っています。

――二〇一一年に国際学院が開校しました。学研都市内にできた経緯を聞かせてください。

国際学院の設置につきましては、いろんな思い出があります。一貫教育を充実するためには、国際主義教育を強化しなければならないと考えていましたが、そのためには国際中学校・高等学校を基盤のしっかりした学校にする必要がある。そこで、校長先生としばしば意見交換し、同志社国際小学校を作ろうとしたのです。その頃、たまたま、関西文科学術研究都市推進機構から、学研都市在住の外国人児童のための教育機関を充実するという名目で、同志社に協力を要請してきました。私は、早速、理事長や担当理事と国際小学校設置について相談したのですが、色好い返事はもらえません。同志社小学校ができたばかりですから、無理もないのです。そこで、法人事務部長や総長秘書と相談し、用地を無償で手に入れること、一〇億円を何とか寄付で集め、残りは学内融資で独立の学校をつくろうと考えたのです。

――見通しはあったのですか。

学研都市推進機構に建設の補助はあるのかとたずねますと、その見込みは皆無だというのですね。一方、木津川市は学研都市内に学校用地を持っているという情報が入りました。そこで、何度か足を運んで、国際小学校を誘致するという形で無償譲渡の約束を頂戴しました。一方、京都、大阪に在住の有力財界人の方に相談申し上げ、国際小学校の構想や学研都市の要請についてお話したところ、一〇億円ぐらいなら何とかなるのではないかということでした。そこで、理事長、大学長、女子大学長に総長室に集まっていただき、木津川市が無償譲渡を約束してくれたこと、有力財界人が寄付に協力してくれることを報告しました。それならばということで賛成してくれましたので、京都府や学研都市からも委員を出してもらい、国際小学校構想検討委員会を立ち上げたのでした。その答申をもとに設置準備委員会で基本計画を策定し、これも大学附属という設置形態で、理事会の承認をもって機関決定に至った次第です。

――同志社国際小学校ではなくて、同志社国際学院という学校名ですね。どんな理由で変えられたのですか。

同志社小学校の場合でもそうでしたが、私は、大学附属と決まった以上は、大学が財政、人事、教育について、すべて決定すべきであると考えていまして、国際学院に関しては、大学企画部が中心となって、人事、財政、教学について決めたはずです。

その結果、学校を初等部と国際部に分け、初等部は正規の小学校で、文部科学省で初めての英語によるバイリンガル教育を実施する学校とされました。国際部は、いわゆるインターナショナル・スクールで、一二年生まですべて英語で授業する各種学校です。ですから、初等部と国際部全体を同志社国際小学校と呼ぶのは適当でない。国際学院でよかったと思っています。

――開校して二年目ですが、うまく展開していますか。

初等部の児童が祇園祭の稚児に選ばれて話題となりました。また、国際部が、今年の五月に国際バカロレアン本部のディプロマ指定を受けるという嬉しいニュースもありました。なお、この指定を受けたことから、インターナショナル・スクールとしての本格的な教育体制に取り組むため、国際学院の校長が退任して、国際部に専念することになりました。保護者間に若干の動揺が見られるようですが、私は楽観しています。また、先ほど触れた寄付については、二〇〇九年五月に機関決定した後の九月にリーマンショックに見舞われ、暫くはお願いした財界人も出し渋っておられました。しかし、私のほうで約束を守っていただくように強くお願いし、また、経済界も少し落ち着きを取り戻したこともありまして、目標の約半分を集めることができました。国際学院開設記念募金は、再来年度まで期限がありますので、新島の苦労に思いを致し、目標に向けて、さらに努力する心算です。

校友会の変化

――資金運用問題に関連して、同志社大学校友会にも混乱が生じたと聞いていますが。

総長に就任して最初の校友会総会に出席したとき、大学職員が受け付けの事務を担当し、数名の屈強な青年が整列しているのを見まして、異様な感じがしたことを覚えています。校友会本部と対立するグループとが内紛状態にあることを後で知りました。総長挨拶は無事終わったのですが、総会が始まりますと、しばしば野次が飛んで騒然としました。資金運用問題を中心とした対立が、校友会にも及んでいることを、はっきりと自覚した次第です。校友会支部の総会や懇親会に出席しますと、その対立は歴然として参りました。学内で裁判沙汰になれば必ず紛争を招くと恐れていましたが、そのとおりになっていることを思い知らされたのです。

――具体的には、どういうことが起こったのですか。

校友会本部と意思の疎通が図られている支部では、問題はなかったのですが、そうでない支部での扱いはひどいものでした。今は、蒸し返したくもないし、思い出したくもないというのが本音です。私としては、どうすれば内紛が解消されて平常な姿に戻すことができるかに専念しました。双方の立場の会員、中立の立場を採られている方との懇談や本部の役員への説得を重ねました。それがどれだけ効を奏したのかは分かりませんが、双方の和解が成立し、十数年にわたる対立は解消されることになったのです。一昨年のことです。

校友会の変化

――同志社校友会は、その後どうなりましたか。

一昨年（二〇一〇）は、校友会の役員の改選時期に当たりましたので、校友会側の有力な方に、校友会を立て直すためには、これまでの校友会の運営とは無縁の、誰もが納得するような同志社人を担ぎ出すべきだと申し上げ、具体的に適任者のお名前を掲げましたところ、全く同感であり、皆に相談しておくということでした。その結果、ダイキン工業株式会社の井上さんにお願いしたいということで、喜んでいましたところ、お前も一緒に井上さんにお願いして欲しいということでしたので、忘れもしない昨年の三月一一日、東日本大震災の当日に、現在の中村友二、長谷川正治両校友会副会長とご一緒に、ダイキン工業株式会社本社を訪ね、会長兼CEOの井上礼之さんに会長就任のお願いをした次第です。二〇一一年四月に井上礼之氏が正式に校友会長に就任され、改革が順調に進められているようで、ようやく校友会問題も決着に至ったわけです。

改革も一段落して

――昨年、喜寿を迎えられました。

昨年、法学部の瀬川晃教授が中心となって、一一月に「喜寿記念論文集献呈式、・祝賀会」を開催していただきました。古稀のときには、記念論文集を遠慮させていただいたのですが、今回は、喜んで頂戴することにしました。ただし、執筆者は私の弟子筋に当たる諸君に限ること、ぺらで一〇〇枚以上の本格的論文であることを条件としました。編集代表・瀬川教授の素晴らしい献呈の辞をはじめ、お二人の中国人を含む一七名の研究者が、期待通りの本格的な論文を寄稿してくれ、学者冥利に尽きる思いを満喫しました。

――現在は、同志社の業務以外に、どういう仕事をされていますか。

矢張り、研究は私にとって業みたいなもので、総長としての業務以外の生活の基本は書斎です。主に私の三部作の改訂作業をしており、二年に一回くらいの割合で改訂しますので、結構時間をとられますが、至福の時間ですね。他に、公益社団法人・京都犯罪被害者支援センターの代表理事をしていまして、月一回の定例理事会に出ています。京都市の犯罪被害者支援業務を委託されていますし、全国の民間団体のモデルを目指していますので、大変です。なお、先日、京都府警察本部から感謝状を頂戴し、九月二八日には全国犯罪被害者ネットワークから表彰されることになりました。ちなみに、全国被害者支援ネットワークの理事長をされている平井紀夫さんは、我がセンターの副理事長です。そのほか、犯罪被害者救援基金評議員、世界人権問題研究センター評議員、日弁連法科大学院認証評価評議員などをしていますが、主に会議ですので、忙しいというわけではありません。

──東日本大震災を契機に、日本ではこれまでの「物質文明」の時代から「心の時代」「倫理の時代」へとパラダイムシフトしなければならないという意見があります。

たしかに、経済優先の時代から心の時代にパラダイムシフトしなければならないといわれていますね。ですが、何をもって心の時代というのか、中身が見えてきません。私は、自分の人生をどう生きるかという意志を一人ひとりが明確に自覚することだと思っています。新島襄が強調した「人、一人が大切なり」であり、また、各人が「自ら立ち、自ら治める人民」となって生きるという自覚、覚悟が必要ではないのか。つまり、戦後盛んに使われた個人主義の徹底が大切だと思うのです。

今、日本は、混迷の時代に突入しています。国民の多くは、何を目標に人生を歩むべきかについて、思い悩んでいる。そうした状況を打破するためには、一人ひとりが自分の人生を自覚しながら強く生きるという意味での「個人主義」が重要になるでしょう。

――来年のNHK大河ドラマ「八重の桜」に登場する新島襄の妻・八重は、まさに、個人主義を貫いた人でした。

八重は、あの時代の女性としては珍しく、自分の力で人生を切り開き、迷うことなくその道を歩み続けた女性でした。つまり、自分の生き方を強く自覚しながら人生を歩んだ女性でした。個人主義というと「利己主義」と誤解されがちですが、私が言う個人主義は、「良心に従って生きる自治・自立の人間」を目指すということです。私は、法律学者として、個人主義は今の日本社会の価値の根源、憲法の原点だと考えているのですが、最近は、利己主義に通じるとして批判的に見られがちです。しかし、一人ひとりが強く、覚悟を持って生きるという意味で、今はやりの「絆」や社会の連帯、共生も大切ですが、その前に、「良心に従って生きる自治・自立の人間を目指す」ことが大切だといいたい。これこそが今求められている「心の時代」の生き方ではないでしょうか。

法律学者の立場から申しますと、日本国憲法第一三条では、個人の尊重と幸福追求権を保障しています。すべて国民は個人として尊重され、公共の福祉に反しない限り、自らの幸福を追求する権利を保障されているのです。つまり、個人主義とは、この「幸福追求権」大切にするということなのです。個人主義を大切にするということは、震災下の復旧・復興にとってもプラスになります。まずは、国民一人ひとりが、八重のように個人主義を貫いて生きることが大切だと思うのです。そこから、「絆」や「連帯・共生」の生き方に繋がってくる。自分自身をしっかり持っていなければ、真の連帯や共生は生まれてこないのではないでしょうか。

――心の時代、倫理の時代には、同志社の「良心教育」が注目されそうです。

そう期待しています。混沌とした時代だからこそ、「良心教育」が求められていると思っています。何度もお話したように、同志社は、幼稚園から大学まで、園児、児童、生徒、学生の心身の成長の度合い、発達段階に合わせて、建学の精神に基づいた教育を展開しており、時代の要請に最も適した学園だと確信しています。しかし、良心教育が一人ひとりの血となり肉になっているかというと、「未だし」の感を拭いきれません。これからの時代に相応しい優れた人材、良心を手腕に運用する人物を世に送り出すことが、私たち同志社教職員、特に総長の使命であると肝に銘じているところです。

――今期で総長三期目です。これからの抱負をお聞かせください。

抱負といわれましても、月並な言い方ですが、基本的には、「老兵は消え去るのみ」という心境です。もちろん、研究活動は続けますし、ライフワークとして取り組んできた被害者支援も続けます。一方、総長として三期一二年間取り組んできた「融和と協調」をモットーとした一貫教育体制の確立は、もう一歩というところですので、学内の世論がさらに頑張れというのであれば、幸い健康に恵まれていますので、考えてみたいとは思います。しかし、学内を二分するような形での選挙は、避けたいですね。

第2部　人生問題

個人主義の徹底

はじめに

脚本家・倉本聰の最後の作品として、彼自身の演出によります「帰国」という戯曲が、この夏、各地で上演されて、評判になっているようですね。また、今年八月の終戦記念日にはテレビドラマとして放映されたことは、皆さんもご存知かと思います。

ドラマの中身は、八月一五日未明の東京駅ホームに、六五年前に戦死した兵士たちの英霊が軍用列車から降り立ってきたというところから始まるのですが、劇中の英霊は言います。「戦後六五年、日本はあの敗戦から立ち直り、世界有数の豊かな国家として成功したのではなかったのか」。それなのに、今の日本はどうしたのだ。「俺達は今のような〈空しい日本〉を作るためにあの戦いで死んだ積もりはない」と嘆き悲しむのです。

今の日本が、英霊がつぶやいたような「空しい日本」になってしまっているかどうかは一先ず措くとしまして、一九四六年の新しい憲法、今の日本国憲法が制定された当時、日本人の多くは、自由主義、民主主義と平和主義を軸とした新しい国を作ることを夢見て、国民一人ひとりが、国の主（あるじ）、主権者として、自治自立の精神で、自ら尊厳をもって生きるという主体的な人生を歩み、歴史の主人公になろうとしたことは疑いないと思うのですね。

戦後六〇数年、日本の政府は、まず経済の建て直しに取り組み、官僚支配の下に行政上の規制を加えながら、豊かな社会を目指して、只管、経済成長に取り組んできました。その結果、人々は貧困から抜け出すために必死になって頑張り、「奇跡」といわれた高度経済成長を成し遂げ、豊かな社会をもたらすことができたのは、たしかです。

しかし、二〇年ごろ前にバブル経済が弾け、それに輪をかけるように二〇〇七年以降の金融危機、リーマンショックが到来しまして、大きな打撃が私達の社会を襲いました。失業者が増え、雇用不安と格差社会が顕著になってまいりました。当然のことながら犯罪が増え、子供や老人の虐待が毎日のように報じられようになってしまいました。また、一年間に自殺する人の数が三万人以上という事態が一〇数年つづいています。青少年は、理想や目的を持つことができないでいる。また、高齢者はぎりぎりの年金生活に苦しみ、家族や地域といった共同体も崩壊しつつあるというのが現状ではないかと思います。

勿論、豊かな生活を楽しみ、夢と希望を持って、人間らしい尊厳をもって生きている人たちが沢山いることも事実ではあります。しかし、日本社会全体から見ますと、人々は目標を失い、不安に陥り、社会全体の活力が失われつつあることは、今や事実として認めざるをえないのではないか。皆さんはどう感じられているか分かりませんが、「私達の社会は、言い知れぬ閉塞感にさいなまされている」というのが、本当のところだと思います。

それでは、こうした夢も希望も持てない社会は、どうして生まれてしまったのでしょうか。それには、いろんな原因が考えられますが、私は、一般の市民が、御上や資本家、経営者の言いなりになって、ひたすら豊かさを求め、経済生活の向上のために馬車馬のようにはたらき、人間としての生き方や目標を見失っていたためではないか。したがって、経済が破綻すると、途端に目標を失い、あわてふためいて、無気力になっているのが現状ではないかと思うのです。

個人主義の徹底

社会不安を解消するために、日本の政府は、一九九〇年代から行政改革に取り組み、官僚支配の行政システムの見直しを図ろうとしました。規制緩和、構造改革そして司法改革といったように、社会全体の仕組みを変えるために、いろんな改革が試みられていることは、皆さんもご存知のとおりです。そして、例えば、構造改革路線を謳った小泉政権は、五つの柱、一つは、努力が報われ、再挑戦できる社会の実現、二つ目は、民間と地方の知恵によって活力と豊かさを生み出す社会の実現、三つ目は、人をいたわり、安全で安心して暮らせる社会の実現、四つ目は、美しい環境に恵まれ快適に過ごせる社会の実現、そして最後は、子供たちの夢と希望を生む社会の実現を目指そうとしました。

しかし、あれほど持て囃された「小泉構造改革」が、今の日本社会に何をもたらしたというのでしょうか。たしかに経済は、多少活性化したようです。また、暮らしの安全・安心も少しは改善されましたが、逆に、貧富の格差は、縮小するどころかかえって大きくなり、弱い者いじめだけが目立ち、リストラなどの雇用の不安が大きくなってしまいました。大企業は別としまして、中小・零細企業は倒産の危機に苦しみ、社会は活性化するどころか、庶民の暮らしは却って苦しくなっているというのが現状ではないでしょうか。青少年は、無気力となり、閉じこもりの青年が一〇〇万人を超えているというのは、どうしたことでしょうか。

どうしてこんな社会になってしまったのでしょうか。皆さんは、どうお考えでしょうか。最近の新聞等の論調を見ますと、今日の社会の閉塞状態を作り出したのは、経済が第一という経済優先路線をひた走るという政治路線、いわゆる「昭和システム」と称されているものですが、戦後の政治路線は、官僚が中心となって国民をコントロールし、ひたすら経済発展に努めてきた結果だというのです。これを「仕切り型資本主義」「人任せ資本主義」と称しまして、このような国や社会のあり方が、今日の社会の低迷を招いたのであるから、今大切なのは、官僚主導の社会のありようを根底から覆し、いわゆる「昭和システム」との決別を図ることが大切だというのですね。民主党政権が、官僚主導から政治主導への転換といっていますのは、長い間続いてきました「仕切り型資本主義」を改めて、国民自身が仕切る社会を作ろうとしているわけで、それ自体は正しいと思います。しかし、民主党政権の混乱ぶりを新聞等で見ていましても、本当の意味での改革ができるのか、多くの一般市民は、極めて懐疑的なのではないかと思います。

そこで、今日は、主催者のご要望に従いまして、戦後の私達の価値の源、根源となってまいりました個人主義についてお話し、個人主義の生き方こそが日本の立ち直りの原動力となることを説き明かして、個人主義と同志社教育とがどのように係わっていくべきかについて、考えてみたいと思います。

個人主義とは

初めに、これからお話ししようとしています個人主義について簡単に整理しておきます。皆さんもご存知のとおり、日本は、半世紀以上も前の一九四六年に、日本の国の在り方、人間の生き方を決める日本国憲法を制定しました。悲惨な戦争の原因の一つとなった全体主義あるいは天皇中心主義といった国家・社会のあり方を深刻に反省しまして、「政府の行為によって再び戦争の惨禍が起こることのないようにすることを決意し」（憲法前文）、全体主義・天皇中心主義を一八〇度改めました。憲法の前文で「主権が国民に存すること」すなわち主権在民を宣言し、また、憲法一三条で「全て国民は、個人として尊重される」としました。これは、全体主義を捨て、その正反対である個人主義の原理を表明したものです。私の青年の頃は、個人主義という言葉が氾濫していたのですが、後でお話しするような事情もありまして、近頃は余り使われることがなくなりましたので、少し説明しておきます。

個人主義は、英語の Individualism の訳として使われたものです。もともとはラテン語からきた言葉のようですが、要するに、人にはそれぞれ「分けることができない」、その人だけが持っている個性があり、その個性自体が尊重されなければならないという原理とされたものであります。その考え方が、フランス革命における人権思想を経由して、個人主義は、「個人の尊厳と自己決定」を社会で最も優位のもの、最高のものとする立場と定義されてまいりました。私は、日本国憲法の個人主義とは、人間社会におけるあらゆる価値の根源は、国や社会ではなく、個人にあり、何にも勝って一人ひとりの個人を大切にする、あるいは尊重する原理であると考えています。ここで忘れてはならないことは、「個人」は、人間一般とか人間性といった抽象的な人間ではなく、具体的な生きている一人ひとりの人間を意味しているということです。後でも触れますが、校祖新島が言う「人、一人が大切なり」という趣旨であります。

個人主義は、一方で、他人を犠牲にして自分の利益を図ろうとする利己主義（Egoism）

に反対します。また、他方で、「全体のためと称して個人を犠牲にしようとする全体主義（Totalitarianism）を否定し、全ての人間を自主的な人格として平等に尊重しようとする、これが個人主義の原理です。

日本の憲法は、この原理を一三条で宣言しました。「すべて国民は、個人として尊重される。生命、自由及び幸福追求に対する国民の権利については、公共の福祉に反しない限り、立法その他の国政の上で、最大の尊重を必要とする」としたのです。この憲法一三条の規定は、日本の憲法の根幹を成すものですが、同時に、日本の国のかたち、日本人の生き方を定めたものなのです。

もっとも、憲法一三条は、だんだんと色あせてまいりまして、人間の生き方を変え、国のかたちを変える原理として主張されることは、次第に少なくなってまいりました。それは、いわゆる日本政治の五五年体制の確立、保守政治支配と関係するのですが、個人主義は、利己主義に通じ、人間は何もしても自由だという考えに通ずるという批判が根強くなりました。今日では、個人主義は憲法の根本原理としてではなく、「個人の尊重」という考え方に修正されて、憲法学者も余り使わなくなってしまったようです。しかし、私は、ここ十数年、法律学者の間で強調されつつあります『幸福追求権』を柱としまして、個人主義を見直し、改めて、個人主義を日本の国、社会の根幹に据えるべきであると考えています。

幸福の追求

古来、「生きとし生けるものは、すべて幸福を求めて生きる」といわれていますように、誰もが共通に持っている根本的な欲求・願いは、様々なこの世の束縛から解放されて、自由に、主体的に幸福を求めて人生を歩みたいということではないかと思います。勿論、「何が幸せか、何がハッピーか」という幸福の中身は人によって違いますが、幸福になりたいという幸福追求の意欲は、人間誰しも生まれながらにもっているのであり、それを侵害する権利は誰にもないはずではないか。ベンサムは「最大多数の最大幸福」と申しましたし、最近、総理大臣は「不幸の最小化」と申しましたが、人類の歴史は、この幸福追求権を獲得する歴史であったといっても言い過ぎではない。私は、国民主権や民主主義、人権主義、平和主義といった憲法の諸原則は、すべてこの幸福追求権に帰着すると考えています。

憲法は、一三条で、「生命、自由及び幸福追求に対する国民の権利」と規定しましたが、では、どういう意味で憲法は「幸福」という用語を使ったのでしょうか。

皆さんもご存知の功利主義者ベンサムは、『快楽』と苦痛を対比しまして、快楽が幸福であり、苦痛は不幸だとしまして、「快楽を最大にすること」が正義であり、政治や国の役割だと考えました。しかし、何が快楽かということについては答えませんでした。勿論、日本の憲法も幸福とは何かについては答えていません。しかし、考えて見ますと、それは当然でありまして、快楽すなわち「気持ちよく楽しいこと」、これは、人によって違うのでありますし、ハッピーかアンハッピーかも、具体的状況によって違います。要は、具体的なその人が快楽を求めて行動する、あるいは「自分の生き方、自分の人生は自分が決める」その決定、自己決定を尊重することが、まさに幸福追求権の中身なのです。肝心なのは、大切なことを御上に任せたり人に委ねるやり方を捨て、自分の考え方、自らの意思や志で決めるということであり、「あなた任せの行動はしない」ということであります。

勿論、その自己決定が他の人の迷惑になったり、社会に害を及ぼすようなものであってはなりません。幸福追求が認められるのは、「公共の福祉」に反しない限度であることはいうまでもないことです。憲法一三条は、「幸福追求に対する国民の権利については、公共の福祉に反しない限り、立法その他の国政の上で最大の尊重を必要とする」と謳っているところです。

幸福追求権についてもう少し申しますと、「一人ひとりが自由に、主体的に幸福を追求できるようにするためには、国は、その自由や主体性を自ら侵害するのを止めるとともに、市民同士が、お互いに人の幸福を妨害することを止めさせて、幸福追求の条件を整える義務があると考えるのです。人生いかに生きるべきか、どのような人生行路を歩むべきかを自分で選択する権利、いわゆる自己決定権は、幸福追求権の原点であると考えるのです。そして、自分で、主体的に決めた行動や人生行路は、誰の責任でもない、自らの責任とする。結局、個人主義は、自己決定・自己責任に帰着すると考えるのです。一九四六年憲法が目指した個人主義は、このような主体的な人間の生き方を最大限尊重し、国はそれを保障する条件を整える。日本の憲法を作った国民は、個人主義を日本の「国のかたち」、国民の生き方の理念にしようとしたのだと思います。

個人主義の定着を阻んだもの

それでは、個人主義の基礎となる幸福追求権、特に幸福の中身は、どう考えるべきでしょうか。先ほど、幸福とは人によって違うものであり、いろんな形で存在しているものですから、何をもって幸福というべきかは多種、多様であり、定義できるものではないと申しました。

一方、皆さんも良くご存知のように、ドイツの詩人カール・ブッセは、「山のあなたの空遠く、幸い住むと人の言う」と謳いました。また、ベルギーの作家メーテルリンクは、その童話劇「青い鳥」で、クリスマス・イヴに　チルチルとミチルの兄妹は、幸せの使いである青い鳥を求め、妖精に導かれて思い出の国、未来の国などをめぐって探してみたのですが、どこへ行っても見つからず、目が覚めてみると枕元の鳥かごに青い鳥がいたとしまして、幸福はここにある、かしこにあるといったものではなく、自分の身近にあるといっているわけです。ブッセも、メーテルリンクも、どちらも、幸福を追求しても見つかるわけではないということを教えているのだと思います。

皆さんも「眠られぬ夜のために」の著書などでご存知の国際法学者でスイスの聖人と呼

ばれたカール・ヒルティは、幸福について、こういいます。「哲学的立場からは勝手に反対もできようが、しかし、人が意識に目覚めた最初の時から、その終わりに至るまで、もっとも熱心に追求してやまないものは、実にただ幸福の感情だけである。そして、この地上においては、もはや幸福になれないと確信するに至った瞬間こそは、彼が経験する最も悲しい瞬間である。幸福は、あらゆる学問、努力、あらゆる国家的活動の究極の基礎であり、幸福こそは、実に、人間生活の目標であり、幸福の追求のように万人共通のものは他にない」と断言しています。先ほどもいいましたが、この万人に共通の目標である「幸福の追求」、これこそが国家社会の究極の目標、理念なのではないか。生命や自由、平等、平和といった人権は、まことにこの幸福追求のためにあるのですし、人類の歴史は、幸福追求のための歴史であったのです。その意味で、幸福追求権は、人間が生まれながらにして持っている固有の普遍的な権利であり、何人も正当な理由なしにこれを奪うことはできない、まさに、侵すことのできない、不可侵の権利だと思うのです。

特に、ここで強調しておきたいのは、従来の考え方がこの幸福追求の点に着眼してこなかったために、個人主義が利己主義と誤解されたり、その本来の意味が薄らいできたように思います。そのように考えてきますと、第二次世界大戦後、私たちの社会は、個人主義の社会であり国家であるといわれてきましたが、本当に国民一人ひとりが自分の幸福を徹底して追求してきたか、疑問とせざるを得ません。われわれ日本人は勤勉であり、努力して国を復興し、繁栄させてきましたけれども、それも会社のためとか家族のためといった点に心を奪われて、自分自身の幸せを主体的に求めた結果ではなかったのではないか。その意味で、本来の個人主義は、国民一人ひとりに根付いてこなかったし、一人ひとりの血となり、肉とならなかったように思うのです。

元東京大学の総長で、現在は学習院大学の教授をされている佐々木毅さんは、最近、ある新聞で、人間の本質は、「潜在能力を探し続けることである」としまして、そのためには、「なによりも、自分に何ができるか、その可能性に向けて歩き続けなければならない」と説いています。この佐々木さんの言葉は、人生の訓示としては意義があり役に立つと思いますが、しかし、その努力、一生涯続けるべき努力は、何に向けられるべきなのでしょうか。努力のための努力なのでしょうか。もし、自己目的としての努力でしたら、それほど「空しいもの」はありません。

私は、人間のあらゆる営み、努力は、幸福とか幸せのためにあり、幸福になるために、人間は可能性を信じて歩み続けなければならないと考えています。そうだとしますと、何に向けて努力すべきか、目標となる幸福とは何かが大変重要となります。自分を大切にし、幸福を追求して生きていくためには、まず、自分にとって何が幸福なのかを、自ら主体的に考えなければならないのは当然です。幸せを求めて生きた結果、それが空しいものだとしたら、何のための人生か、分からないことになります。あるいは、幸福の追求が、結局、絶望に至るようなものであってはならないはずです。折角この世に生まれて来たのです。自分にとって最高の充実した幸せを求めて生きたい。それが人情ではないでしょうか。そうだとしますと、大切なことは、何が本当の意味での幸福か、どういう人生の目的を持って生きるかということであり、このことを一人ひとりが自分のこととして自覚する必要があるのではないか。今申したような主体的な生き方を自覚してこなかったために、多くの人は、迷い、何に向かって生きるべきかといった方向性を見失っているように思います。

定年を過ぎて、毎日をどう生きていけばよいか、迷ったり絶望している人が多すぎるように思います。今の無気力な社会を招いた原因は、国や社会にあるという面もありますが、そういう国や社会を作り出したのは、ほかならぬ国民一人ひとりでありますし、一人ひとりの生き方、人生行路の歩み方がその最大の原因であることは、疑いないと思います。つまり、このような無気力な社会を生み出した責任は、一人ひとりの個人にあることを自覚すべきです。なぜ、個人は尊重されなければならないのか、どういう目的を持って人生行路を歩んで行くべきかという自覚がないところに、本当の意味での個人主義は育たないと思いますし、活力ある社会は夢でしかありません。一人ひとりの固有の価値観、妥協を許さない人生の生き方、「自分の人生にとって無くて叶わぬもの」を守り抜くといった確固不抜の人生観があって、初めてお互いの生き方を尊重しあう活力ある社会になるのではないか。また、そうした生き方が人間としての見識であり、また、「自我の確立」ではないでしょうか。

このように考えてみますと、私達の社会は、個人としてみると立派な人は沢山いるけれども、全体として眺めてみますと、主体的な生き方が確立されていない未熟社会である。そのために、自己決定・自己責任を基礎とした競争社会や市場経済についていけない人が増えている。実際、個人主義は、単なるお題目に過ぎなかったように反省されるのであります。

個人主義と私の幸福論

個人主義をよみがえらせ、本当の意味での人権を確立するためには、幸福追求権を自覚し、一人ひとりが主体的に自らの幸福追求に取り組むべきである。これが、私の一応の結論です。しかし、先程も触れましたが、問題は、「追求すべき幸福とは何か」にあります。誰でも幸福になりたいと思っているけれども、何が自分にとって「しあわせ」であり「ハッピー」であるかということになりますと、はっきりとした答えを持っておられる方は少ない。これが、正直なところではないでしょうか。人によっては、富を蓄えて、大金持ちになることが幸福であるかもしれません。十分なお金があって、飲んで歌って暮らす人生も、見捨てたものではありません。また、名声を得ることも、幸せの一つでしょう。しかし、この世の喜び、幸せは、運や偶然に左右されるものでありますし、ベンサムの言う快楽は、長続きしません。第一、病気になったらおしまいという面があることも否定できません。

そうだとしますと、大切なことは、どのような境遇にあっても、そして、年老いて、介護を受けるようになり、最後の時を迎えても、なお、希望もって生きられるような、そういう人生の目的を持つことであります。どのような社会になっても、また、どんな人生の悲劇に出会っても、逞しく生き抜くことができる、そういう人生の目的、目標あるいは価値観を築くことが肝心だと思います。それが何であるかは、皆さんの教養と英知、皆さんのお力で見つけるほかありませんが、ご参考までに、皆さんも良くご存知の、クラーク博士の言葉を紹介しておきたいと思います。

クラーク博士は、札幌農学校を辞めて帰国する際に、有名な「Boys, be ambitious」という言葉で生徒達を激励したということは、皆さんもご存知だと思います。「青年よ、大志を抱け」と訳されています。今では、この言葉だけが一人歩きして有名となっていますが、実は、クラーク博士は、それだけを言ったのではないのでした。大切なのは、それに続く次の言葉です。

「Boys, be ambitious. Be ambitious not for money or selfish aggrandizement, not for that evanescent thing which men call fame. Be ambitious for attainment of all that a man ought to be（青年よ、大志を抱け。それは金銭や我欲のためではなく、また、人が名声と呼ぶあの空しいもののためであってはならない。人間として当然備えていなければならない、あらゆることを成し遂げるために〔すなわち、人格完成のために〕大志を抱け）」と激励したのです。クラーク博士は、人間としてなさなければならないこと、つまり、人格完成という大事業をやり抜くために大志を抱けといったのです。そして、私は、本当の幸せ、幸福に至る道は、このような人格完成を人生の目的とした人生行路でなければならない。人格完成を目指す人生こそ、本当の幸せを得る道であると考えています。

今までの話をまとめてみますと、戦後の日本は、個人主義を最高の価値と考えて出発しましたが、官僚主義と保守政治が支配するに及んで個人主義の後退現象が顕著になってきました。しかし、個人主義は民主主義と同じように、長い歴史によって勝ち取られてきたものであり、これを揺るがすようなことは許されるべきではない。ですから、私達にとって大切なことは、個人主義を本来の姿に戻すことであり、一層の推進でなければならない。そのために重要なことは、人権の理念を「幸福追求権」に求め、自分の人生を主体的に、自ら決定し、その責任は自ら負うという自己決定・自己責任の考え方に従って生きることである。そして、個人が、主体的に幸福を求めて生きることを保障することが国の役割でなければならない。国民一人ひとりは、自分の人生は自分が決めるという考え方に立って、まさに、自分の幸福のために生きるべきである。そして、私にとっての幸福とは、人格完成を終生の目的とし、そのためには、どんな悲劇や災難に遭っても絶望しないで、希望もって自分を絶えず高め、人間として求められる完全な姿に近づき、やがて神に召される、これが私の個人主義の結論です。

個人主義と同志社教学の理念

大分話が進んでまいりましたので、最後に、個人主義は、同志社の建学の精神、教学の理念とどのようにかかわるかについて少しお話をしたいと思います。

学校法人同志社は、只今、一三学部約二八、〇〇〇人の学生を収容する同志社大学、五学部約六、三〇〇人の学生を収用する同志社女子大学、また、全部で六、四〇〇人の生徒を収容する四つの中学校・高等学校、五四〇人の児童を収容する同志社小学校、六六〇人を収容する国際学院、そして、一二〇人の園児を収容する同志社幼稚園、併せて一三の学校を擁します一大総合学園であります。

学校法人同志社の特徴、誇るべき特徴は、幼稚園から大学院まで、建学の精神のもとに一貫教育を実施しているということです。学校によっては、同じ学校法人が設置している学校でも、建学の精神のもとでの一貫教育を重視してない学校もありますが、同志社は、キリスト教主義、自由主義および国際主義の教育を通じた良心教育を教学の理念としまして、幼稚園から大学院まで、精神活動・能力の発達段階に応じて、一国の良心というべき人物、「仰いで天に恥じず、伏して地に恥じず」、良心を手腕に運用する人物の養成を目指して、教育を展開しています。

「キリスト教主義教育、自由主義教育、国際主義教育を基礎とした良心教育」、これこそ同志社教学の理念であり、また、同志社ブランドです。只今申しました、同志社教育の三つのプリンシプルのうち、今日の主題の個人主義に係わりますものは、言うまでもなく「自由主義」であります。この自由主義は、私達の校祖・新島が「自由こそ我が生けるモットー」(freedom is my living motto) として、自由人として生涯を貫くとともに、自由教育についてもしばしば発言したことから同志社教育のプリンシプルとなってきたものです。彼は、「自由教育、自治教会、両者併行国家万歳」といいましたが、これは、新島の自由主義を裏付けるものとして、有名な言葉となっています。

新島は、日本でのリベラリストの元祖とまで言われる方ですが、彼の「自由の精神」の原点がキリスト教的な自由にあることは、言うまでもありません。キリストと聖書以外にいかなるものからも自由であるという趣旨ですが、同時に、新島は、「同志社大学設立の旨意」の最後で、「立憲政体を維持するは、知識あり、品行あり、自ら立ち、自ら治むるの人民たらざれば能わず」と述べまして、民主主義にとって大切なのは、「自ら立ち、自ら治むるの人民」を養成することだと力説しています。彼は、単なる自由主義ではなく、自治自立の人物の養成を志しました。まさに、私達がこれまで考えて来ました個人主義の根幹をなしています自己決定・自己責任の考え方が展開されているのでありまして、私は、同志社教学の理念として、個人主義を正面に据えるべきではないかと考えています。

最後になりましたが、個人主義は、これまでもいわれてきたことですが、個人主義を価値の根源として個人を最優先的に考えると、個人は何をしても自由であるといった利己主義に陥るという批判があります。この点について、戦後の政治思想をリードしてきた政治学者丸山真男は、個人主義や自由主義が国民の間に根付かなかったのは、「個人主義や自由主義が良心に媒介されることなく」使われたからだとしました。たしかに、個人主義や自由主義は、安易に使われると弊害が大きいことは認めなければなりません。その点、同志社は、まさに丸山真男が求めた「良心を媒介とした個人主義」を提唱しうる最高の立場にあるといっても過言ではありません。同志社建学の精神に裏付けれた、新たな個人主義の展開を主張する所以であります。

ご清聴有難うございました（二〇一〇年八月、同志社校友会栃木県支部総会での講演を元に加筆・訂正したものです）。

自治自立の心構え

今日は、「とわの森三愛高等学校」にお招きをいただきまして、誠にありがとうございます。ご計画をお勧め下さいました、肥田先生に改めて感謝申し上げます。

私は、現在、学校法人同志社の総長をしていますので、ちょっとだけ同志社の紹介をしますと、同志社には、同志社大学、同志社女子大学のほか、四つの高等学校、四つの中学校、二つの小学校、幼稚園、それから、すべて英語で教えるインターナショナル・スクール、併せて一四の学校がありまして、全部で四二、〇〇〇人が同志社で学んでいます。どの学校も、キリスト教主義、自治自立主義、国際主義という三つの考え方に立って、良心教育を行なっています。今日は、同志社のお話は余り致しません。皆さんが、これから何を目標にして、また、どういう心構えで生きていけばよいのかということについて、私の人生経験を踏まえて、短い時間ですけれどもお話できれば幸いと考えています。

それにしましても、昨年三月一一日に起こった東日本大震災、それに引き続いて発生した原子力発電所の事故による放射線の被害は、日本に大きなダメージを与えました。文字通り、未曾有の、また、想定外の大災害でした。震災の直接の被害に遭われた多くの方がただけでなく、東京電力福島第一原子力発電所の事故のために、近隣の住民の方がたは、未だに苦しい生活を強いられています。災害の瓦礫の処理、意見が分かれる復興計画、馴れない仮設住宅での生活、古里を離れざるを得ない方がた、そして、原発事故による放射性物質への不安や風評被害、いろんな情報が飛び交い、被災者の皆さんは何を信じたらよいのか分からないといった声も聞かれます。直接の被害を受けなかった私たちとしては、ご遺族の皆様に改めて哀悼の意を表しますとともに、被災地の一日も早い復旧・復興を心からお祈りする次第です。

この東日本大震災をきっかけとして、いろんなことが言われてきました。これまでの「物質文明」の時代、経済中心の社会から「心の時代」人間の生き方を大切にする社会へと変わらなければならない、また、共に生きる、つまり共生ということを大切にする社会をつくらなければならないとも言われてきました。もう一つ、「絆」を大切にする社会を作ろうとも言われました。去年の流行語となったものですね。では、そもそも「きずな」とは、どういう意味なのでしょうか。

皆さんもご存知のように、絆とは、もともとは、馬などの動物をつなぎとめる綱のことですが、そこから「断つにしのびない恩愛とか情実」とい意味になったものでありまして、災害といった不幸に出会ったときには、人と人との結びつきを通じて、連帯共助の精神で生きていかなければならないのですから、お互い人と人との恩愛や情けを通じた繋がり、絆を大切にして、共に連帯して助け合って生きていこうというのが、流行語となった理由だと思います。一時は、どこの会合に出ましても、挨拶で必ず「絆」の大切さに触れる人が多かったようで、今でもその傾向は続いているようですが、そして、それは正しいと思うのですが、私は、今のままの日本人の生き方では、時間が経過すると共に、「絆」とか、共に生きるという意味での「共生」、さらに連帯共助といった考え方は、ボランティア精神に燃えていらっしゃる方は別として、一般の人は、すぐに忘れてしまうのではないかという気がしてならないのです。

何故、こんなことを申すかといいますと、私は、「絆」とか共生、あるいは連帯共助といった社会は、一人ひとりの人間としての「生き方」がちゃんと決まっていないと、成り立たないと考えるからです。私たち日本人のこれまでの考え方、生き方を見ますと、全部の方がそうとは申しませんが、先ほど触れましたように、「物質文明」、お金優先、少しでも経済的に豊かになることが人生の目標とされてきたように思います。ですから、絆や共生、連帯共助という時も、お金、経済的な損得を通じて考えられてきたのではないでしょうか。「頑張ろう、日本」といわれる時も、その念頭にありますのは、物質的支援が中心だと思います。もちろんそれが大切であることは否定しませんが、しかし、本当に必要なのは、それぞれが自分の人生の目的を持ち、それに向かって着実に進む、その歩みを支え合うことなのではないでしょうか。本当の絆は、お金を通じての結びつきではなく、お互いが人間として成長するための結びつき、連帯共助ではないかと思うのです。

ある雑誌で、東日本大震災で何を学ぶべきかと問われたことがありますが、私は、迷わず、個人主義が社会に根を下ろすことが大切だと答えましたが、私は、今日の社会の混迷振りを見て、これから申し上げる「個人主義」が日本の社会に定着していれば、こんなに混乱することはなかったのではないかと思ったからです。

では、個人主義とはどういう意味なのでしょうか。個人主義という言葉は、もちろん皆さんもご存知かと思うのですが、残念ながら、今は余り使われていないようです。個人主義は利己主義に通ずるというので、一般の評判も良くないようですが、特に政治家は、個人主義の考え方のために、若者たちが自分の好き勝手のやりたい放題の無責任社会を作り出しているといって、個人主義を攻撃しています。しかし私は、このような個人主義の理解は、間違っていると思います。

そもそも個人主義といいますのは、国や社会の利益を優先させてはならず、何よりもAさんやBさんといった一人ひとりが、自分の人生は自分で決め、自分の力でやり抜くという、自治自立の生き方を国が保障するという原則なのです。言い換えますと、国や社会は一人ひとりの個人から成り立っているのですから、大切なのは、一人ひとりの人間――個人であり、したがって、この個人の人生を何よりも大切にし、他人に迷惑をかけない限り、お互いの人生を最大限に尊重しなければならないという考え方なのです。

日本史で勉強されたと思いますが、一九四五年に日本が戦争に負けるまで、日本は、天皇陛下や国が大切であって、お国のために働くことが最も重要であると考えてきました。

こういう社会を国家主義、天皇中心主義というのですね。こうした考え方が日本を軍国主義の国家にしてしまい、原子爆弾を落とさせ、何百万人という戦争の犠牲者を出すことになったことは、皆さんご存知のとおりです。そして、戦争に敗れて、これまでの国のあり方、国民の生き方を根本から反省して、一九四六年に新しい憲法を作りました。日本の国のかたちを、国中心の社会から、一八〇度変えて個人中心の社会に作り直そうとしたのです。言い換えますと、天皇陛下や国家を最も重要とする考え方から、一人ひとりの個人の人生を大切にする個人主義の社会を作ろうとしたわけです。

私は、小学校の五年生のときに終戦となり、六年生の時に新しい憲法ができたのですが、それから暫くは、新聞などでも個人主義が随分ともて囃されました。しかし、世のなかがだんだんと変わってきまして、経済的に豊かな社会、いわゆる高度経済成長を最も大切にする社会にとって、個人主義は邪魔になってきました。個人個人の生活より、国や社会を経済的に豊かにすることが至上命令になり、個人主義は、いつの間にか社会から敵視されるようになってしまったのです。これは、とてもおかしな話です。個人主義を決めたのは、実は、日本の憲法なのですね。憲法の一三条は、「すべて国民は、個人として尊重される。生命、自由及び幸福追求に対する国民の権利については、公共の福祉に反しない限り、立法その他の国政の上で、最大の尊重を必要とする」と定めまして、高らかに個人主義を宣言したのです。それぞれの幸福、生き方を最大限尊重する社会を作る、いわゆる「幸福追求権」を保障したのです。これは、日本人にとって画期的なことだったのですね。

それがいつの間にか色あせてしまい、一方では、個人主義は自分さえ良ければよいといった利己主義に通ずるといわれ、また、人々はひたすら豊かさだけを求め、経済成長にばかり気をとられて、人生、何を目的として生きていけばよいのかといった大切なことに、心を砕いてこなかった。残念ながら、六六年前に日本の憲法をつくってから、個人主義は、国民の日常の生活に根付くまでには浸透してこなかったのです。豊かさだけを求めてひたすら走っている間に、人間としていかに生きていくべきかが判らなくなってしまい、迷いの時代、混迷の時代に入ってしまっているといわれています。私も本当にそうだと思います。国民の多くは、「何を目標にして人生を歩むべきか」ということについて、思い悩んでいるのではないか。

そうである以上、私たち一人ひとりは、原点に立ち返って、自らの人生は自ら切り開き、自ら決めるという、自治自立の心構えを自覚すべきではないでしょうか。その際、二つのことを忘れないようにしていただきたい。一つは、憲法が言っている幸福追求ということです。憲法は、幸福とは何かについては、何も教えてくれません。何が幸福かは、それぞれが自分で決めるものだからです。したがって、どういう生き方をすれば幸福になれるかということは、自分で、はっきりとさせておくべきだということです。もう一つは、自分の良心に従って生きる「自治自立の人間」を目指すということです。良心に背いて生きるところに幸せは訪れないからです。ちなみに、良心という言葉は、もともと中国の儒教から来たもので、「何が善であり、悪であるかを知らせ、善を命じ悪を斥ける心」と説明されていますが、とても難しい言葉ですね。良心は、皆さんもご存知のように、英語でConscienceといいます。conは一緒にという意味です。scienceはサイエンスつまり科学するとか、知るという意味です。私は、神様と共に考え、神様の導きに従って行動する心が良心だと思います。要するに、祈りを通じて行動する心が大切だと考えています。

自ら治め、自ら立つ、自治自立の心構えで、自分の人生は自分で決め、自らの力で人生を切り開き、迷うことなく邁進する人生を送る、そのような強い心を持っていただきたいと願うばかりです。今日は、「とわの森三愛高等学校」の生徒の皆さんにお目にかかることができ、嬉しく思いました。皆さんのご多幸を心からお祈りして、私のメッセージといたします（二〇一二年、北海道の「とわの森三愛高校」での講演を収録したものです）。

自由こそ、我が生けるモットー

「自由こそ、我が生けるモットー」(freedom is my living motto.)というタイトルでお話しします。この言葉は、私のものではありません。同志社の創立者・新島襄のものでありまして、彼が、教え子の徳富蘇峰に当てた手紙に記されていたとされるものです。この言葉のとおり、新島は、自由人として生涯を貫くとともに、自由教育についてしばしば発言しており、現在では、同志社の建学の精神、教学理念の一つとしての自由主義として定着してまいりました。そこで、今日は、新島の自由主義をテーマに、同志社の建学の精神、教学の理念を考えてみたいと思いまして、「自由こそ我が生けるモットー」と題して奨励をしたいと考えた次第です。

同志社の教学の理念として、キリスト教主義、自由主義および国際主義が謳われていることについては、皆さんもご存知のとおりです。一方、同志社の象徴は、大学の正門の所に建てられている「良心碑」にあり、良心教育こそ同志社の建学の精神であるともいわれてきました。しかし、三つの原則と良心教育とはどういう関係にあるのかということについては、これまで余り議論されてこなかったように思います。また、女子大学では、自由主義の代わりにリベラルアーツを教学の原理としています。そこで、三つの原則の一つである「自由主義」の中身を検討し、その検討を通じて同志社教学の理念を整理し、明確なものにする必要があるのではないか。今日のところは問題提起にとどめますが、本日の話を通じ、学校法人同志社の教育・研究は、どのような理念に立って展開すべきかについて考えていただきたい。これが、本日の「奨励」の狙いです。

もう一つの狙いは、新島は、「自由」という用語と同じくらい「自治・自立」という言葉を使っているのですが、これを「自由主義」という原則でくくってしまうことが果たして適当なのかということです。先日、同志社大学の経営戦略懇談会で、同志社大学のOBで、財界でも指導的な立場にある有名企業の会社の会長であられる方が、同志社の教学の理念として、「自由主義」が謳われているけれども、「自由」というと「何をしてもよい」というように聞こえるので、適当とは思われない、むしろ端的に「良心教育」を同志社ブランドにしたほうが良いという発言がありました。勿論、「自由主義」が「何をしても自由である」という意味でないことは明らかですが、一般の人たちから見ると、そのように聞こえる節がないではありません。

ちなみに、同じような言葉の使われ方として個人主義があります。私は、個人主義こそ民主主義、人権尊重主義、平和主義といった現代の価値の根幹をなしている原則であると思うのですが、ここ一〇年来、政府関係者や政治家、財界の皆さんは、個人主義を毛嫌いされているようです。個人主義は利己主義に通ずる考え方であり、戦後の個人主義的な考え方が「自分さえ良ければ何もしてもよい」といった無責任な社会的風潮を生み出したというわけです。そこで、「自由主義」という呼び方を変えることの是非を検討すべきではないか、これが、本日の奨励のもう一つのモチーフです。

ところで、新島は日本におけるリベラリストの元祖とまでいわれているのですが、彼の「自由の精神」の原点がキリスト教的自由主義にあることはいうまでもありません。イエス・キリストと聖書以外にいかなる権威をも認めないという考え方を基礎として「自由」の意義を説くわけですが、しかし、彼の教育に対する考え方を、単に「自由教育」即ち自由主義教育として整理してしまいますと、かなりの語弊が生じかねません。といいますのは、自由主義の内容となります「自由」は、学問の自由とか表現の自由のように、主に「国家権力からの自由」、国や社会、さらに他人からの拘束あるいは制約からの自由を意味するからです。たしかに、新島が「自由」いうとき、例えば「自由教育、自治教会、両者併行、国家万歳」、これは新島の自由主義を裏付けるものとして有名な言葉なのですが、ここでいう「自由ないし自治」は、まさに、今言ったような意味で使われてきたといってよいと思います。したがって、新島の「自由教育」とは、「人が神より与えられた智・情・意を何ら束縛、制圧・歪曲することなく、自由に円満に開発、涵養することだった」と説明する人もいます。また、新島が、私立大学を作るのは、国家権力の支配下に置かれない自由な大学とするためであるとしたのも、同じ趣旨からだと思います。

しかし、新島は『自由』という言葉以上に、「自治・自立」という考え方を打ち出し、強調しているようにも思えるのです。ご存じのように、新島は、明治二一年（一八七三年）に、全国の主要な新聞・雑誌に、有名な「同志社大学設立の旨意」を発表したのですが、その中身を見ますと、先ほどいいましたような「自由」として、国家権力から規制されない自由な大学が必要であることを説くとともに、「自治・自立の人民の養成」を高らかに宣言しています。すなわち、教育の目的は、「天真爛漫として、自由のうち自ら秩序を得、不羈のうち自ら再生あり、即ち独自一己の見識を備え、仰いで天に恥じず、伏して地に恥じず、自ら自己の手腕を労して、自己の運命を作為するがごとき人物の教養」、口語訳で言い換えて見ますと、「天真爛漫、自由の中におのずから秩序があり、奔放の中にもおのずから自己抑制できるような人物、すなわちその人独自の見識を備え、仰いで天に恥じず、伏して地に恥じない、心にやましさのない、公明正大な人物、自らの運命を切り開くような人物の育成」、これが大切だと説き、「知識あり、品行あり、自ら立ち、自ら治むるの人民」「一国の良心というべき人」を育てることこそ、教育の目的だとしたのです。このように見てきますと、学問、教育の理念として考える場合は、自由主義というよりも、むしろ、自治・自立主義と言ったほうが適切ではないかと思うようになりました。

私は、同志社小学校の設立に際しまして、二〇〇四年五月に設立の趣旨について新聞発表しましたが、そのときに同志社教学の理念を明らかにする必要に迫られまして、いろいろと調べてみたのですが、大学案内を見ますと、キリスト教主義、自由主義、国際主義が並べられていましたので、この三つの原則とくに自由主義が何時頃から取り入れられてきたのかを調べてみたのですが、結局、はっきりしませんでした。私が学長であった一九七九年に、同志社教育の独自性、アイデンティティー、教学の理念を整理する目的で「私学同志社」と題する冊子を編集して新入生全員に配布したのですが、その当時は、「キリスト教主義と国際主義」だけが謳われておりまして、自由主義は明言されていませんでした。

もっとも、八田大学長は入学式や卒業式の式辞で、「キリスト教主義、自由主義、国際主義」というように、三つの原則を並列的に述べられていますので、大学では自由主義が教学理念として使われているようです。私は、自由主義ということに抵抗がありましたので、同志社小学校設置の新聞発表では、自由主義の代わりに「自治自立主義」としました、また、学校法人同志社の広報誌「同志社々報」でも同じようにしましたが、学校法人内の公式行事におきましては、大学と異なる名称を使うのはいかがなものかという意味で、自由主義と言ったり、「自由主義または自治・自立主義」という言い方をしてきたのですが、「自由」の本来の意味からしますと、自治自立主義が適切な表現ではないかと思っています。

既にお分かりのように、自由主義や自治自立主義といった原則は、少なくとも、学校法人同志社として公式に決めたものではありませんでした。実を言いますと、学園全体の公式の教学の理念として使われているものは、キリスト教主義だけなのですね。学校法人同志社の憲法ともいうべき「寄付行為」では、「同志社は、キリスト教を徳育の基本とする」と明言されておりまして、キリスト教主義は、同志社の動かしがたい教学の理念ないし目標です。この理念に立って、学校法人同志社は、キリスト教教育委員会を設けており、大学はキリスト教文化センター、女子大学では宗教部を設置して、キリスト教の教育を推進し、展開していますし、各学校でも宗教主事を置いて、キリスト教の教育を実施しています。その意味で、学生諸君は、大学でのキリスト教主義に基づく講義や行事に積極的参加することが、期待されていることを理解していただきたいと思います。

この点では、寄付行為に明言されていませんが、国際主義も全学的に承認されているといってよいと思います。学校法人同志社として、国際主義教育委員会を設けており、大学では、国際連携推進機構および国際センターが設置されて、教学の理念に即した活動が展開されているところです。学生諸君は、ここでも国際主義に基づく事業や行事に積極的に参加することが期待されているのです。

これに対し、自由主義ないし自治自立主義は、学校法人同志社として、公に認められてきたとはいえないようです。自由主義ないし自由教育といった考え方は、キリスト教主義から当然に導かれるものであるから、あえて、教学の理念として独立に考える必要はないともいえます。現に、教育・研究の現場で、キリスト教教育以外に、自由主義教育が具体的・実質的に展開されているわけではありませんので、ある意味では、単なる指導理念に過ぎないといっても過言ではありません。その意味で、自由主義、自治自立主義といった名称などどちらでも良いではないか、場合によっては、教学理念の原則からはずしてしまっても問題はないといった意見もありえます。

しかし、私は、自由主義ないし自治自立主義は、教学の理念として残しておいたほうが良い、あるいは残すべきだと考えています。理由は三つあります。

第一は、キリスト教主義との関連です。たしかに、自治自立主義といっても、いずれもキリスト教主義に由来するものではあります。しかし、キリスト教から直ちに新島のいう自治自立主義が導かれるわけではないと思います。言い換えれば、キリスト教の信仰をいかに深めていっても、そこから、「知識あり、品行あり、自ら立ち、自ら治るの人民の養成」、つまり、自治自立主義という考え方は出て来ないと思うのです。

第二に、自由主義ないし自治自立主義は、まさに「新島の建学の志」であり、新島独自の教学の理念でありまして、新島の良心教育は自治自立主義なしには成り立ち得ないと考えるからです。同志社のアイデンティティーは「良心教育」にあり、私は、これを同志社ブランドとして天下にアピールすべきであると主張しているのですが、「良心教育とは何か」ということになりますと、これまで余り議論されたことがないようです。もっとも、新島は、良心をキリスト教の信仰と同じものと考えていました。彼は、「キリスト教主義は、実に我が青年の精神を陶冶する活力あることを信じ、この主義をもって教育に適用し、さらにこの主義をもって品行を陶冶する人物を養成せんと欲するのみ」と明言しています。しかし、同時に、立憲主義つまり民主主義国家においては、「知識あり、品行あり、自ら立ち、自ら治めるの人民」こそ、「一国の良心とも謂う可き人」であり、こういう人を養成するのが良心教育であるとも説いています。つまり、キリスト教主義だけでは良心教育は不十分であり、民主主義の社会では、「自ら立ち自ら治めるの人民」の育成が大切だというのであります。この意味でも、自由主義ないし自治自立主義の推進は、学校の現場で今後とも強化していくべきだと考えています。

結論を申しますと、同志社建学の精神としての良心教育は、キリスト教主義、自治自立主義および国際主義を土台として成立するものであり、良心教育を同志社ブランドとして、世界にアピールすべきであると考えています。そのためには、自治自立主義を具体化する体制を整えるべきでありまして、二〇〇五年から大学でスタートした「同志社科目」は、極めて重要な意義があり、今後、一層の充実が望まれるのであります。皆さんも、これを機会に、同志社の建学の精神に関心お持ち下されると幸いであります（同志社大学キリスト教文化センター＝月刊チャペル・アワー二七〇号四八頁）。

幸福主義——君は今、幸福か

幸福は生き甲斐か

今日は、幸福についてお話したいと思います。私は、人間の営みは、煎じ詰めれば、結局、幸福を求めて行なわれると考えている者ですが、これまで、日本では、幸福について語ることが少なかったように思います。「君は今、幸福か」という副題を付けてみましたが、皆さんは今幸福と思っていますかと質されて、胸を張って「幸福です」と答えられる人は少ないといわれています。皆さんは如何でしょうか。もっとも、同志社大学に入学することを目指して頑張ってきたので、新入生になれて幸せ一杯という皆さんも居られるかもしれません。しかし、学生になれたという達成感はともかくとして、同志社大学に入学したからといって人生うまくいくとは限りませんし、大型連休の頃になりますと、すっかりその感激も消えてしまうかもしれません。

また、例えば、桜の花の下で、友達とビールでも飲みながら語り合っている時、「幸せだなー」と感ずることはありますね。しかし、その場を去ってしまいますと幸福感は消えてしまいますし、第一、毎日、花見をしているわけにもまいりません。「季節の旬の美味しい物を食べることも、「幸せだ」と感じる経験の一つです。食べることから幸福を感じるのは、人間にとって基本的に大切なものだと説く心理学者もいます。さらに、「幸福は健康だ」という人もいます。中高年で、もっとも大切なものは健康であると考え、いろんなサプリメントとを試し、カロリー計算をし、運動に明け暮れている人も少なくありません。

しかし、そうした人達が「自分を幸福だと考え、充実した生活を送っている」と満足しているかというと、決してそうではありません。むしろ、日夜多くのことに悩まされ、あるいは老後の不安のために、「幸福感」を持つことができない人が多いといわれています。その考え方の根本をたずねて見ますと、人生で頼れるのは、経済力であり、カネであり、物質的な豊かさであると考えている人が非常に多いということに気が付きます。

第二次世界大戦後、一九五〇年代以降の社会を振り返って見ますと、欧米諸国の価値観の主流は、ベンサムの功利主義に基づいて、科学文明を基礎とした物質的に豊かな社会の実現でありました。ひたすら経済成長を目指して働いてきた者からすれば、曖昧模糊とした幸福よりも、物質的な豊かさこそが生きる目標となってきたように思うのです。ですから、「幸福」と「金持ち」は同じことであり、「幸福」という言葉は知っているけれども、何が幸福なのか、その実体は漠然としていて良くわからない、あるいは「幸福」を感じても、それは束の間の話であって、そんなものを生き甲斐にするなどとは到底考えられないというのが普通の人なのではないでしょうか。そこで、人々は、人生の究極の目的は幸福だという自覚を持たなかったし、何が幸福かということを余り議論をしてこなかったのだと思います。

幸福を科学する

しかし、科学文明の発達がもたらした物質的な豊かさが、本当に幸福に結びつくのだろうかという疑問が次第に顕著になってきました。科学文明に基づく豊かさがもたらしたものは、自然の破壊であるし、他ならぬ人間自身の生活や人心の荒廃を招いて、自分さえ良ければよいといった我欲、利己主義の傾向に気付き始めました。こうした風潮を背景に、ここ数年間、幸福を科学するという立場から「幸福の構造」を明らかにしようとする動きが著しくなってきました。ある心理学者は、「一人ひとりが幸福であるのかどうかは、真面目な関心をもたれるべき社会的課題である。憲法においても、国民の幸福の追求は、公共の福祉に反しない限り、尊重されることが定められている。したがって、立法や行政によって、国民の幸福が十分に実現しているかどうかを評価することには、重大な社会的関心が向けられるべきである」と説いています。

ある高名な経済学者は、経済的な豊かさが本当に人々の幸福につながるのか」といった観点から、幸福を科学することの重要性を指摘しています。アメリカでは「裕福になると幸福になるのだろうか」という実証的研究が推進されつつあり、収入の金額そのものが幸福に影響するものではなく、むしろ、収入の多い人たちは、仕事や家事、身体運動などの活動的なレジャーに多くの時間を使っているが、それによって幸福感は変化するわけではなく、むしろ緊張とストレスが増加するだけだ」といった研究も発表されています。

このように、豊かさを求めて物質文明の進歩に躍起となってきたこれまでの日本人の生き方に反省を加えて、道徳や人間性に目を向ける傾向が顕著になってきました。このことは、大変好ましく、歓迎すべきであると私は思っています。特に、「人間の幸せ」とか幸福を見直そうとする動向は、注目すべきであると思います。そして、最近では、政治のあり方や経済の発展が、住民の幸福のためにどの程度役に立っているかが主要な課題となってきています。大川隆法の「幸福の科学」については一先ず措くとしまして、幸福を中心にものを考えようとする幸福主義は、今やブームとなりつつあるといってよいと思います。そして、新しい心理学では、最近の若者達の幸福は、「自己実現」と友人達との「コミュニケーション」に基礎を置いているという、独自の結論を導き出しています。

幸福とは何か

それでは、幸福とは何でしょうか。幸福こそ人間の究極の目的であるといったのは、スイスの法律家で聖人と称されましたカール・ヒルティです。「哲学的見地からは、あるいは勝手に反対することもできようが、しかし、人が意識に目覚めた最初の時からその終わりに至るまで、最も熱心に追求してやまないものは、実にただ幸福の感情だけである。そして、この地上においては最早幸福は得られないということを、自ら確信するに至った瞬間こそは、彼が人生で経験する、最も悲劇的な瞬間である」と述べています。

この言葉は、ヒルティの「幸福論」第一巻の書き出しでありますが、続けて彼は言います。幸福は、あらゆる学問、努力、あらゆる国家的および教育的施設の究極の基盤である。人は、勝手に「幸福論」を非難するがよい。ただし、幸福こそは実に生活目標であり、「幸福の追求」のように万人に共通のものは、他に何物もない。そして、「この世で最も哀れなのは、老年になって、その半ば若しくは全部がいたずらに過ごされてしまった己の過去を振り返って、それをもっと立派にすることができたのに、と思う時である」と述べています。ヒルティが断言するように、人間の本質的欲求は、幸福の追求以外にないといってもよさそうです。

一方、幸福の追求は、先にも触れましたように、日本の憲法が基本的人権として保障するところでもあります。憲法一三条は、「すべて国民は、個人として尊重される。生命、自由及び幸福追求に対する国民の権利については、公共の福祉に反しない限り、立法その他の国政の上で、最大の尊重を必要とする」と定めているのです。この一三条の前半のほうは、いわゆる個人主義を定めたものでありますが、個人主義とは、人間社会における価値の根源は一人ひとりの個人にあり、国や社会は、何にも勝って具体的な生きた一人ひとりの人間を尊重しなければならないとする原則であります。我が同志社の校祖新島が、「人、一人は大切なり」と申したのは、この個人主義のことであります。また、憲法一三条の後のほうは、個人主義の原則の下で、生命、自由および幸福追求を保障しようとするものであり、三つを併せて幸福追求権というのですが、別に「包括的基本的人権」ともよばれています。自由権や平等権といったすべての人権は、幸福の追求を目的として保障されるという意味で、幸福追求権は、個々の人権を包括する権利であるというわけであります。

私は、幸福追求権の保障は、現在の憲法の根幹をなしているものであり、民主主義、人権主義、平和主義の基礎となっているものと考えています。したがって、仮に憲法の改正が現実の問題になったとしても、憲法一三条には絶対に手を加えることを許してはならないと考えています。しかし、問題は、追求すべき「幸福」とは何かにあります。幸福は、ドイツの詩人カール・ブッセが詠っているように、山の彼方の空遠くにあって、結局は人の手の届かないものなのか、また、メーテル・リンクの「青い鳥」のように、身近にあるのにそれに気がつかないだけなのでありましょうか。たしかに、幸福は人によって違うものであり、一義的にその意味を明らかにすることはむつかしいと思います。アリストテレス以来、古くから幸福論が展開されてきたゆえんです。しかし、憲法が基本的人権の理念として掲げている「幸福」の中身が、国民にとって明確でないとしますと、国民主権を唱える国民の恥ではないでしょうか。今後、個人主義での人間の幸福とは何かについて、真剣に議論する必要があるように思います。ヒルティは、幸福の条件は「日々の小さき義務に忠実勤勉であること」と「内なる神に対する愛と畏敬」の二つに尽きると結論づけ、また、教育論者の新渡戸稲造は、人格完成のために生きることが幸福だといっていますが、皆さんはどのようにお考えでしょうか。

国語辞典によりますと、「幸福とは、満ち足りて幸せだと感ずること」だとあります。そして、このような満足感をいつも心に抱き、満ち足りた気分で一生を歩むことが出来れば最高の人生です。幸福主義者は、人生の究極の目的は「幸福」であると言っていますし、憲法一三条も、「幸福の追求」こそあらゆる人権の究極の理念であるとしています。

「幸福とは何か」を語ることは、「人生の目的は何か」を語ることであります。幸福という言葉は、もう少し大切にされてしかるべきだと考えますが、皆さんは如何でしょうか（同志社大学キリスト教文化センター＝月刊チャペル・アワー二七八号九九頁）。

第3部　研究活動

刑事法をめぐる今日的課題

はじめに

講演の主旨

この度は、同志社東京校友会および同志社大学政法会東京支部共催によります「同志社創立一三五周年記念事業・特別講演会」にお招きいただきまして、誠に光栄でございます。事務局から頂戴した演題は、「刑法をめぐる今日的課題」でありました。手元のパンフレット「特別講演会のご案内」によりますと、「刑法をめぐっては、裁判員制度に係る問題に限らず、死刑廃止の是非、さらには取調べ過程の全面可視化など、いろいろな課題が各方面から取り上げられ、今日ほど刑法をめぐる諸課題がクローズアップされ、世間の耳目を集めたことは、過去に例を見ないといっても過言ではありません」という理由で、このタイトルを選ばれたということでした。誠に的確な理由ですし、折角選んでくださったタイトルですから、「これでよいか」とも思いましたが、死刑廃止の是非はともかくといたしまして、裁判員制度の問題は、直接には裁判所法や刑事訴訟法に係るものですし、取調べの全面可視化も捜査ないし刑事手続の法制度に関するものですから、「刑法」という枠で括らないほうが、かえって皆さんの興味に応える話ができるのではないかということで、今日は、演題を「刑事法をめぐる今日的課題」と変えて、お話しすることにします。

いくつかの改革

犯罪と刑罰に関する今日的課題は、私の見たところ多方面に及んでいます。大きなところを指摘しておきますと、「ご案内」で指摘されている問題の他に、ここ十数年来の刑事法をめぐる大きな改革の一つは犯罪被害者法制でありまして、裁判員制度に匹敵する画期的なものでした。また、刑務所での受刑者の処遇の改革も見逃すことができません。さらに、犯罪者の更生保護についても抜本的な改革が試みられました。そして、今日は時間の都合で触れませんが、罪を犯した精神障害者の適切な処遇を目指す心神喪失等医療観察法が二〇〇三年に制定され、重大な犯罪を行った時点の病状を改善して、再び同じ犯罪をしないように観察し、社会復帰の促進を図ることを目的として、裁判所が強制的に入院または通院を命ずる制度が新設されたのです。その良し悪しはともかくとして、戦後日本の刑事政策の最大の課題とされてきた保安処分問題の解決の第一歩が踏み出されたといってよいと思います。

このように見てまいりますと、近年の課題は、犯罪被害者対策、取調べの可視化や裁判員制度、そして犯罪者処遇といったように、刑法だけではなく、刑事司法システム全体におよぶ改革がなされ、また、なされつつあります。ちなみに、只今刑事司法システムと申しましたが、これは、英語の〈Criminal Justice System〉から来たものでありまして、要するに、犯罪の発生からその犯罪者の処遇に関する制度全体を指します。具体的には、捜査段階、起訴段階、公判段階、矯正段階、更生保護段階に分けることができます。そして、これらの制度に関係する法律を一般に刑事法と呼んでいますので、今日は、広く犯罪と犯罪者の処遇に関する今日的課題について、私の考えをお話しすることにします。

犯罪被害者対策と刑事法

刑事手続きにおける犯罪被害者対策

近年の刑事法改革に最も大きな影響を与えたのは、犯罪被害者対策だと思います。犯罪被害者問題は、一九五〇年代のイギリスで被害者補償という形で登場し、我が国でも一九八〇年に犯罪被害者に対する給付金支給制度が作られたのですが、その後、犯罪被害者の深刻な精神的苦痛が明らかにされ、憲法の保障する個人の尊厳や幸福追求権が侵害されているという認識の下に、犯罪被害者が、「被害を受けたときから再び平穏な生活を営むことができるようにする」という理念が掲げられ、様々な施策が講じられてきました。特に刑事法に関連しては、犯罪被害者の保護および精神的負担の軽減という観点から、多くの改革が推進されたのです。

まず、犯罪被害者保護に関しましては、二〇〇〇年に刑事訴訟法および検察審査会法が改正されまして（犯罪被害者保護二法）、性犯罪の被害者は犯人を知った日から六か月以内に告訴しないと検察官が起訴できないことになっていましたが、性犯罪の被害者は、精神的負担が大きいために告訴を躊躇するのが普通であり、そのため告訴期間が経過してしまい、告訴の権限を失う結果となりますので、この告訴期間を撤廃したのです。

次に、犯罪被害者の負担を軽くする制度としては、①証人尋問の際の証人への付添い、②犯罪被害者が、証人尋問の際に被告人や傍聴人を見えないようにスクリーンなどを置く遮へいの措置、③テレビモニターを通じて、離れた所から証人の姿を見、音声を聞きながら証人尋問をするビデオリンク方式などが、刑事訴訟法の改正として制度化されました。被害者の精神的苦痛を軽くするための措置であります。なお、犯罪被害者に裁判の優先傍聴券を認め、また、刑事手続きにおける犯罪被害者の情報の保護制度として、裁判所の権限で被害者の氏名、住所等を公開の法廷で明らかにしないことも可能となりました。

犯罪被害者等基本法と犯罪被害者参加制度

犯罪被害者のニーズに応えるために、今お話しましたような刑事法の改正が試みられてきたのですが、その後、二〇〇四年の年末に、犯罪被害者法制にとってエポックを画する犯罪被害者等基本法が制定されました。この法律は、犯罪被害者対策の理念を明らかにし、犯罪被害者の権利・利益を法律上初めて明確にしたものですが、刑事法に関連しましては、特に、犯罪被害者参加制度の導入を後押ししたことが特筆に価します。

この制度は、一口で言いますと、犯罪被害者を刑事裁判の手続きに参加させるというものです。制度の中身を申しますと、①対象となる犯罪は、殺人等の故意の犯罪行為によって人を死傷させた罪、強制わいせつおよび強姦の罪、業務上または自動車運転過失致死傷罪等の被告事件の犯罪被害者またはその弁護士が刑事手続きへの参加を申し出た場合、裁判所は手続きへの参加を許すこととしたのです。参加を許された者を「被害者参加人」と呼び、その手続きを弁護士に依頼することができます。また、②証人尋問については、犯罪事実については認められません。それは検察官または弁護人にだけに認められ、犯罪を行った動機、目的といった情状に限って許されます。さらに、③被告人に対する質問も許されますが、被害者参加人は、あらかじめ質問事項を検察官に示し、裁判所はそれを聞いた上で質問を許すということになっています。そして、④裁判所は、犯罪被害者参加人から申出があるときは、検察官が論告・求刑等の意見陳述をした後、被害者参加人の論告・

求刑も許されます。ですから、検察官が無期懲役を求めているのに死刑を求刑することもできるのです。

犯罪被害者参加制度については、真実の発見や被告人の防御活動に支障きたすとか、裁判員制度が円滑に機能しないといった反対論や慎重論があります。確かに、被告人および被害者が質問や応答に際して感情的になり、冷静な判断が難しくなるのではないかという危惧はありますが、私は、裁判長の適切な訴訟指揮と双方の弁護士の協力によって克服できるのではないかと楽観しています。今も日弁連と「全国犯罪被害者の会」との間で対立していますが、私は、犯罪被害者の権利・利益の保護にとって最も大切なことは、犯人に対する処罰の要求に少しでも応えることだと考えています。

これまでの刑事裁判は、個人による報復を禁じ、国として必要な限度で制裁を加えれば足りるという考え方で来ましたし、そのことは今でも正しいと考えていますが、その結果、被害者は犯罪の当事者なのに刑事裁判の蚊帳の外に置かれてきたのですね。被害者の報復心、処罰の要求に何らかの形で応えなければ、本当の意味での犯罪被害者の権利・利益の保護にならないと思うのです。被害者参加制度は、被告人の人権を守りながら被害者の処罰の要求に応えるための、一つの苦渋の選択であると思っています。

このほか、後で触れます刑事裁判における損害賠償命令や凶悪犯罪の公訴時効の廃止といった制度も、被害者団体の要請によって制度化されたものですが、日弁連からの批判があるといいますものの、結論的に申しますと、犯罪被害者の保護や負担の軽減、さらに被害者参加といった制度は、これまで刑事司法上無視されてきた犯罪被害者の人間としての尊厳を回復する措置として、評価されるべきであると考えています。

捜査段階と取調べの可視化

適正な取調べ

話題を移して、今大きな問題となっている被疑者取調べの全面可視化の是非についてお話しします。取調べの可視化と申しますのは、「見えるようにする」ということ、ここでは捜査官が被疑者を取調べている状況を外部のものが見たり聞いたりすることができるようにするということですが、具体的には、被疑者の取調べを録音・録画することです。これまでは、取調べは外部の者から分からないように、密室の取調室で行なわれてきたわけですが、これまでのやり方では取調べを適正に行うことができないというわけです。全面可視化の問題は、厚生労働省元局長の村木さんにかかる郵便不正事件や服役中の者がDNA鑑定で再審無罪なった足利事件などで、メディア上大きな話題になりましたが、日弁連などは随分前から主張しているものですね。

それでは、適正な被疑者の取調べとは、どういう意味なのでしょうか。この取調べについては、法律論としていろんな議論がありますが、刑事訴訟法という法律では、捜査官（司法警察職員＝警察官）は被疑者を取り調べることができると規定していますので（一九八条一項）、捜査官は、被疑者に出頭を求めて取り調べる権限があるといってよいと思います。最近、大阪で任意の取調べ中に、警察官が「お前、今ほんまに殴りたいわ」「お前の人生、むちゃくちゃにしたるわ」などと暴言を吐いて自白を迫った事件が話題になりましたが、特に、逮捕・勾留によって身柄を拘束されている場合、無理に自白されるようなことがあってはなりません。

そこで法律では、取調べに際しては、まず、被疑者に対して、自分に不利益となることを無理に言わされることはない権利、つまり「黙秘権」があるということを知らせることにしています。もっとも、捜査官は取調べる権限は持っているのですから、黙秘権を放棄して事実を話す（供述する）ように説得することはできます。したがって、被疑者は、取調べそのものを、無理にではなく、任意で受ける必要があります。例えば、不当に長い時間の取調べは、任意性を欠いた取調べとして許されません。要するに、適正な取調べとは、被疑者の任意性を尊重する取調べをいうわけです。

問題は、その任意性をどうすれば確保できるかにあります。取調べが、常に任意に行なわれる体制が整っていれば問題はないのですが、「自白は証拠の王」といわれますように、取調べに当たる捜査官は、無理してでも被疑者から自白を取りたいと考えるのが道理です。とすれば、後から、その自白が任意に行なわれたということを点検できる方法が必要です。これまでは、被疑者の署名・押印があれば任意性を担保するのに十分だと考えられてきました。そこで、取調官は、被疑者が取り調べの際に言ったことをまとめ、物語風に文章化して供述調書を作り、被疑者に署名・押印させるという方法を採ってきたのですね。被疑者が自分で署名・押印したのだから、供述は本人の自由な意思で行なわれたもの、つまり任意性を認めるべきだというわけです。

けれども、取調官と被疑者しかいない密室で、強圧的に署名・押印を求めて作った供述調書が、常に任意に作られたものといえるでしょうか。もちろん、被疑者が取調官とのやりとりの過程で、自発的に不利益な供述をすることはしばしばです。しかし、容易に口を割らない被疑者が多いことも事実です。そこで、自供に追い込むためにいろんな手を使い、また、長時間、執拗に取調べたために、被疑者は疲労困憊してやむを得ず署名・押印することがあることも事実です。ですから、自ら署名・押印したからといって、直ちに供述の任意性を担保することはできません。そこで、単なる署名・押印だけではなく、調書の中身を点検して任意性を判断できる方策が考えられました。例えば、一問一答方式だと、後で点検してみて無理に言わされたことが分かるのではないか。あるいは、「取調状況報告書」という書面の作成を義務づけてはどうかといった提案がありまして、被疑者の取調べの過程や状況について、取調べの都度、書面による記録の作成を義務づけることになりました。二〇〇三年からそうなっているのですね。

取調べの可視化

その後、捜査の実務も大きく変わってまいりまして、警察官の取調べに対する監督を強化し、取調べ時間を管理するといった取調べ適正化の方策が講じられてまいりましたが、その矢先、郵便不正事件などで不当な取調べの実態が浮き彫りにされ、可視化問題が国民的課題となってきたわけです。

少し前置きが長くなりましたが、適正な取調べを担保する制度として、取調べの可視化は最早避けられないというのが検察や警察の考え方のようでありまして、二〇〇六年八月には、後で詳しくお話しします裁判員制度の対象事件に関して、供述の任意性の効果的・効率的立証方策の一環として、検察官による被疑者の取調べのうち、必要かつ相当と認められる部分の録音・録画を試行的に実施することとされました。また、警察においても、昨年に全国的に試行が開始されました。それと併行して、法務省内に「取り調べの可視化に関する省内勉強会」が設けられ、今年六月には、中間とりまとめを行い、法制化の準備に入るとされています。ちなみに、検察官の録音・録画の実施件数は、二〇〇八年四月～二〇一〇年三月の二年間で三七九一件であり、そのうち証拠としてＤＶＤ再生されたものが五一件あり、自白の任意性が肯定されたものが四八件、否定されたものが二件あったと記録されています。

可視化の範囲

取り調べの可視化は、被疑者が自ら供述したかどうかの任意性のほかに供述の内容の信用性を裁判で立証することを目的とするものですが、問題は、どういう方法で可視化するか、言い換えますと可視化の対象をどうするか、また、取調べの全過程について可視化するか、一部で足りるかにあります。日弁連や民主党などは、取調べの録音・録画は捜査機関の義務であるから、全事件について、しかも取調べの全過程を録音・録画すべきであるとしています。民主党案は、さらに参考人の供述も全面的に可視化すべきであるとしています。私は、任意性を担保するための方策として、行く着く先は日弁連案か民主党案になると思いますが、現時点でどうするかが問題です。

一年間で二〇〇万件もある取調べについて、すべて録音・録画しなければならないとしますと、任意性が問題とならないようなケースも対象とすることになりますし、機器の購入・配備費用や人件費が膨大なものになるというコストの問題もあります。ですから、当面は、先ほど申しましたような、只今試験的に録音・録画が実施されている裁判員裁判の対象となる事件について、正式に可視化を認め、段階的に対象を拡大するのが現実的であると思います。

新聞等の報道によりますと、大阪地検特捜部の不祥事をきっかけに設置された「検察の在り方検討会議」では、知的障害者については全面可視化を認めるべきであるという意見が大勢を占めたようですが、一方、最高検は、特捜部の取調べについて、立証責任のある検察官の裁量で一部可視化を施行すると発表しています。

全過程の録音・録画

残る問題は、全過程を録画・録音する必要があるかですが、現在行なわれている一部録音・録画方式ついては、取調べ官が有利なところを録画・編集することができるだけに、一部可視化はかえって危険だという意見が有力です。ちなみに最高検は、特捜部の取調べについて、被疑者が自白した経緯や取調べの状況、調書の作成過程や自白調書の内容を確認して署名する場面について一部可視化する方針のようです。私は、可視化する以上は、取調べの全過程を録画・録音すべきであると思います。もちろん、被疑者が拒んだ場合や関係者のプライバシー保護などに支障がある場合、あるいは時間的・物理的に録音・録画するのが困難な場合はやむをえませんが、全過程の可視化が正しいと思っています。

もっとも、全過程の可視化を法制化するのには、法務省や警察庁に強い抵抗があるようです。その最大の理由は、全面可視化してしまうと、取調べが難しくなり、自白調書を得られなくなって捜査に支障が生ずるということにあります。日本では、被疑者の取調べと供述が捜査の中心になっているので、全面可視化してしまうと、真犯人を捕まえるのが困難になるというわけです。可視化している国を見ますと、罪を問わないことを条件に供述や情報を得る司法取引といった証拠を集めやすい制度があるけれども、それがない日本で全面可視化することは危険だというのです。しかし、この反対理由には、理屈として無理があります。日本では、被疑者に黙秘権を与え、任意でない供述には証拠としての価値を認めないはずなのですね。当局の見解は、全過程を可視化すると任意の供述しか得られなくなるから反対だということになります。つまり、任意でない供述が取りにくくなるということでしょう。まさに、供述の任意性を否定する見解であるといってよいと思います。いずれにせよ、検察不信の改善や冤罪防止のためには、全事件・全過程で可視化を実現すべきであるというのが私見です。

訴追段階の改革と検察審査会

大阪地検特捜部の証拠改ざん・犯人隠避事件をきっかけとして、「検察の在り方検討会議」が設置され、捜査・訴追機関である検察の抜本的な検討がはじめられておりまして、只今お話しました取調べの可視化の問題もそのテーマの一つですが、今後、どのような展開となるかを見守ることにします。そこで、今日は、捜査が終了した後の訴追段階で注目すべき近年の改革として、二つの法改正を取り上げてみます。一つは、民主党の小沢さんの政治資金規正法違反事件で問題になりました検察審査会法の改正です。もう一つは、公訴時効制度の改正です。

起訴猶予

さて、証拠が集められ、被疑者の身柄が確保されますと、当該事件の捜査は事実上終了します。これを一般に検挙とよんでいます。そして、捜査が終わり、有罪判決を得る見込みがついたときは、原則として検察官は、当該の事件につきまして裁判所に訴え、適正な刑罰を科すように審判を求めることになります。これが公訴の提起であり、略して起訴といいます。

ところで、検察官は、起訴するに足りる嫌疑があり証拠もあって、被疑者を有罪にすることが可能でありましても、犯罪の重さなどから考えて、敢えて裁判所に訴えて有罪にするほどのことはないと考えるときは、起訴しないことができます。これを起訴猶予といいます。この制度は、法を弾力的に運用し、起訴して処罰するのが不要な犯罪を裁判の前に処理してしまい、刑事手続きを効率的に進めるという点に意義があります。

しかし、この制度のために、検察官は捜査を厳格にして、ほぼ確実に有罪を見込める事件しか起訴しない。ですから、起訴したものは一〇〇パーセント近く有罪になるというように、検察官は、実質上、裁判官と同じような有罪・無罪を決定してしまう広範な裁量権を有することになります。と同時に、検察官がこの権限を不当に行使して、本来起訴すべき事件を起訴しなかったり、反対に、起訴猶予にすべきものを起訴することは十分ありうることです。こうして、検察官が裁量権を誤って行使したときの救済制度として、戦後、検察審査会制度が誕生したのです。

検察審査会制度

この制度は、一九四八年の検察審査会法という法律で作られたものですが、起訴・不起訴の決定に「民意を反映させてその適正を図る」ための制度であり、この後でお話しする裁判員制度と同じように、選挙権を有する者の中から籤（くじ）で選んだ一一人の検察審査員で構成することになっています。そこで、犯罪被害者や告訴人などは、検察官の不起訴処分に不服があるときは、所在地の検察審査会にその処分が適当か否かについて審査の申立をすることができることとしました。申立を受けた検察審査会は非公開の審査会議を開いて、審査申立人や証人を呼び出して尋問し、また、検察官の資料の提供および会議の出席といった協力を得て審査し、議決を行います。

起訴処分をしなかったことの当否の議決は原則として過半数で決めますが、議決の形式は三つに分かれます。一つは、起訴を相当とする議決すなわち「起訴相当」でありまして、この場合は過半数ではなくて、検察審査委員八人以上の多数決とします。二つ目は、不起訴を不当とする議決すなわち「不起訴不当」で、この場合は過半数です。三つ目は、検察官の不起訴処分を相当とする議決すなわち「不起訴相当」でありまして、この場合も過半数です。

起訴相当の議決と不起訴不当の議決を分けた理由は、私自身よく分からないのですが、おそらく起訴すべきであるという意思の強弱の問題であって、いずれも起訴すべきであるという点では変わりません。そこで、この二つのいずれかの議決があった場合は、検察官は、その議決を参考にしまして、改めて起訴すべきかどうかを検討し、起訴または不起訴の処分をしなければなりません。そして、検察審査会にその旨を通知する必要があります。

従来は、このような手続きで検察審査会の仕事は済んだのですが、二〇〇四年の改正で、起訴議決の制度が設けられ、検察官の起訴裁量は、大きく制約されるに至ったのです。すなわち、検察審査会が起訴相当の議決をした事件について、検察官が再度不起訴の処分をしたとき、検察審査会は、改めて当該不起訴処分が妥当か否かの審査をしなければならなくなりました。そして、矢張り起訴が相当であると認めるときは、起訴をすべき旨の議決をしなければなりません。これを「起訴議決」と申しますが、この場合も、八人以上の多数決によらなければなりません。起訴議決がありますと、検察の仕事は検察官に任せないで、裁判所は弁護士を指定して公訴提起などの刑事手続きを弁護士に任せることになりました。この弁護士を指定弁護士といいます。

指定弁護士は、速やかに、起訴議決に係る事件について、公訴を提起しなければなりません。これがいわゆる強制起訴でありまして、後は、通常の手続きで裁判が進められます。したがいまして、強制起訴されたからといって、被告人が常に有罪になるわけでないことはもちろんです。

交通事故被害者と強制起訴

既にお分かりかと思いますが、検察審査会制度は、公訴権の行使に民意を反映させる点で、陪審制度や後でお話しする裁判員制度と同じ司法の民主化の趣旨に基づくものですが、同時に、検察官の起訴裁量に一定の枠をはめる制度であることも忘れてはなりません。その点で思い出されるのは、起訴議決の制度が誕生し背景には、犯罪被害者ことに交通事故被害者の不満があったということです。

皆さんもご存知のように、自動車運転による過失致死傷事件は非常に数が多く、過失があればすべて業務上過失として犯罪としてしまいますと、到底処理しきれないことになります。そこで、軽いものはできるだけ犯罪としないで、つまり軽い罪は原則として起訴猶予とし、重い罪は厳しく処罰するという「刑事処分の二極化政策」が採られました。その結果、交通事故被害者に大きな不満を抱かせたように思います。起訴猶予によって加害者が裁判に掛けられずに終わってしまいますと、被害者の処罰の要求は充たされないばかりか、真相を知りたいという被害者の欲求が無視されてしまうからです。その結果、検察審査会への申し立て件数が、相当に増えたのです。つまり、交通事故被害者の処罰の要求を満足させるということが、強制起訴制度の誕生の背景にあったことは、疑いないと思うのです。

なお、起訴裁量のチェック制度として、不当な不起訴だけでなく不当な起訴についても検討すべきではないかという議論も出ています。この点からしますと、例えば、検察審査会の議決の中に「起訴不当」を入れても良いのではないと思いますが、いかがでしょうか。現在は、公訴権濫用の問題として、軽微な犯罪を起訴した場合、免訴の判決で手続きを打ち切るという制度がありますが、起訴も民意を反映して行なうべきです。

公訴時効制度の改正

訴追段階でのもう一つの改革は、公訴時効制度の改正です。公訴時効といいますのは、一定の期間が経過することによって、公訴を提起できなくする制度でありまして、一二〇年以上前の明治の刑事訴訟法時代からあるものですが、その一部廃止と期間の延長の改正が行なわれたのです。

二〇一〇年の一月、全国犯罪被害者の会「あすの会」は第一〇回目の大会を開催しまして、「凶悪重大犯罪についての公訴時効の廃止と、それ以外の罪の大幅な公訴時効制度の延長を求めるとともに、過去に起きた事件についても遡って公訴時効を廃止、また、延長されることを求める。」という決議を致しました。あすの会は、早速、法務省に足を運び、決議の内容を伝えて、公訴時効制度の廃止と期間の延長に関する法改正を求めたのです。法務省当局は、それまでに時効制度の見直しを検討していたようで、早速、法制審議会に諮問し、答申を得て、殺人や強盗致死、強盗強姦致死のように、人を死亡させた罪であって死刑に当たる罪については公訴時効を廃止することとしました。また、それ以外の罪の公訴時効期間につきましては、例えば、強盗致傷罪の公訴時効は一五年でしたが、その倍の三〇年というように大幅に延長する法改正をし、改正法は、過去の事件に遡って適用することとしたのです。

なお、只今お話しているのは公訴の時効についてですが、刑法は、判決確定後、刑を執行しないまま一定の期間経過した場合、刑罰を科すことをできなくする制度、つまり「刑の時効」も規定しています。そこで、公訴時効の改正に伴って刑の時効も改正され、死刑については時効を廃止しますとともに、時効の期間は、例えば、無期の懲役・禁錮について二〇年から三〇年に引き上げるというように、大幅に延長しました。

今回の公訴時効制度の改正につきましては、今なぜ見直す必要があるかという点、また、過去の犯罪に遡って適用するのは憲法違反ではないかという議論がありました。見直しの必要が問題になりましたのは、二〇〇四年に凶悪・重大犯罪の重罰化と併せまして公訴時効の見直しをしていまして、わずか六年しか経っていないのに改正するのは、いかにも拙速すぎるという点が問題となりました。二〇〇四年の改正の時は、私は法制審議会の委員で刑事法部会の部会長をしていたのですが、そのときは、死刑にあたる罪については公訴時効期間を一五年から二五年に引き上げ、無期刑ついては一〇年から一五年、一五年以上の有期刑については一〇年とするという案で臨み、諮問どおりの法改正が行なわれ、新しい公訴時効制度ができたのでした。被疑者、被告人を不利益に取り扱う改正については、日弁連サイドの反対論があって苦労しましたが、新しい捜査技術の開発等によりまして、犯罪発生後相当期間が経過しても有力な証拠を見つけることができるようになったことを根拠に議論が展開されたことを覚えています。

今回の改正が同じ根拠から提案されたとしますと、「余りにも拙速に過ぎる」という理由から、見直しの根拠が問われると思いますが、今回は、あすの会の決議からも分かりますように、これまで軽視されてきた殺人等の被害者の心情に配慮した刑事司法の在り方、社会の処罰要求の変化を根拠としたものでありまして、その意味で、私は、改正は必要であったと考えています。もう一つの問題は、過去に発生した時効が進行中の事件について、遡って適用するのは不利益変更となるので、憲法三九条の「遡及処罰の禁止」規定に違反するのではないかというものです。しかし、「実行の時に適法であった行為」について、刑事上の責任を問うわけではありませんので、憲法違反は問題になりません。殺人罪等の極刑に値する行為が、時効完成のために訴追されなかった数は過去一〇年間で五〇〇件余りあったようで、現在の国民感情からすれば、時間が経過したとはいえ、これらの事件を無罪と同じように扱うのは許されないと思います。

公判段階の改革と裁判員制度

話題を公判段階の改革に移しましょう。この段階の改革では、先にお話ししましたように、犯罪被害者に対する傍聴優先制度やビデオリンク方式といった負担軽減措置と併せて犯罪被害者参加制度の導入がありますが、何といっても裁判員制度の創設が重要です。そこで、暫く裁判員の参加する刑事裁判について話すことにします。

裁判員制度の意義と背景

裁判員制度といいますのは、裁判官と裁判員が協同して行なう刑事裁判のことでありまして、裁判官だけで行なう従来の刑事裁判はそのまま残して、新たに重大な事件を取り扱うものとして設けられたものです。

刑事裁判への国民の参加は、民主主義の当然の要請として、世界の多くの国が制度化しているものですが、日本では、一九二三年の陪審法の制定によりまして部分的にですが実現していました。しかし、戦時中の一九四三年に「陪審法の停止に関する法律」によって、一時停止という形で、実施されなくなり、実質的には廃止されていました。一九四七年には国民主権の原則に立つ日本国憲法が施行されたにかかわらず、日本の刑事裁判は、専ら職業裁判官に委ねられていて、国民は刑事裁判の蚊帳の外に置かれていたのですが、半世紀を経てようやく国民の視点に立った刑事裁判が求められ、裁判員が参加する刑事裁判の制度が設けられたのです。二〇〇四年に作られた「裁判員の参加する刑事裁判に関する法律」によりますと、その趣旨は、刑事裁判に対する「国民の理解の増進とその信頼の向上に資すること」と謳われています。全く新しい制度ですので、長期の準備機関が必要とされまして、五年の猶予期間を置いて二〇〇九年に法律が施行された次第です。その間、マスコミは大騒ぎしましたが、皆さんも、大いに関心があったのではないかと想像します。

制度の内容

裁判員制度の中身をかいつまんで申しますと、裁判員は、選挙人名簿から無作為に抽出された者が事件ごとに選任され、裁判官との合議体を構成します。合議体は、原則として裁判官三人、裁判員六人で構成され、裁判官が裁判長になります。この合議体は、死刑または無期の懲役・禁錮に当たる罪など、重大な犯罪に係る事件だけを対象とします。そして、裁判官と裁判員は基本的に対等の権限を持ち、共に議論や相談つまり評議をして、多数決で判決に至ります。有罪・無罪等に関する事実認定ばかりでなく、死刑にするか、無期にするか、何年の刑にするかといった刑の量定つまり量刑も行ないます。裁判員は、職務上知りえた秘密を漏らすことは許されません。事実認定や量刑に不服があるときは控訴を認めますが、控訴審は裁判官だけが担当し、裁判員は入りません。裁判員には、旅費や日当、宿泊費が支給されます。正当な理由なしに公判期日に出頭しないときは処罰されます。

簡単な整理で分かりにくいと思いますが、時間がありませんのでこのくらいにします。なお、刑事裁判の市民参加としては、皆さんもご存知の陪審制度と参審制度があります。陪審はイギリスやアメリカで古くから採用されているものでありまして、普通は無差別に抽出された一二人の市民が有罪か無罪かを決めるといった制度でありまして、決定に職業裁判官が入らない点で裁判員制度とは違います。また、参審制度は、裁判官と市民とが共同して決める点では裁判員制度と似ているのですが、事件ごとの選任ではない点で違います。日本の裁判員制度が独特のものであることがお分かりかと存じます。

問題になった点

裁判員制度につきましては、いろんな議論がありました。まず、裁判員制度は、被告人の裁判官による裁判を受ける権利を侵害し、憲法に違反するのではないかが問題となりました。しかし、憲法は裁判官ではなく「裁判所における裁判」を保障しているのだし、裁判所法という法律では「刑事について陪審の制度を設けることを妨げない」として、国民の参加する裁判を排除していないのですから、この批判は当たらないと思います。また、負担の多い裁判員の参加を義務づけるのは、国民の基本的人権を侵害するのではないかといった反対論もありました。国民主権の立場からすると、刑事裁判への参加は国民の当然の義務でありますから、これも問題になりません。

ただ、たまたま裁判員に選ばれた人の負担が重過ぎるのではないかという点は、考慮に値します。特に、裁判が長期にわたりますと大変です。そこで、公判前の整理手続きといった制度を導入し、公判の審理期間を短縮して、大体一週間内で治めるといった方策が講じられました。事実、ほぼ連日開廷し、大半は三～五日、長くて一〇日で終了していますが、審理や評議がかなり長期間にわたる事件については、現在のままで対応できるかが、気になるところです。

また、死刑事件を対象とすることについては、「死刑か無期懲役か、難問迫られる市民」

といった形でマスコミに随分と騒がれましたが、既に四件の死刑判決が出ており、裁判員から精神的負担を漏らす声が聞かれたというものの、死刑事件は除外すべきだといった評価は出ていないようです。「素人にとっては苛酷だから除外すべきである」という意見もありますが、裁判官にとっても苛酷であるわけで、国民の一人として、「苛酷だから死刑判決に加担するのはいやだ」という理屈は通らないはずです。

裁判員選任手続きにおける死刑廃止論者の取り扱いが問題になります。裁判官の質問例として「絶対に死刑を選択しないと決めているか」というものがありますが、「ハイ」と答えた者を自動的に排除するのではなく、その人が裁判員に入ってきた場合に、公平な裁判が害されるかどうかを基準に決めるべきではないかと思います。もっとも、評議の場などで、死刑制度がある今の法律で、死刑は絶対に選択しないということは許されないといったことを、裁判官が教えてやるなどの心理的なケアは必要だと思います。

そのほか、性犯罪は除外すべきであるとか、裁判員の守秘義務は妥当かといったことも議論されてきましたが、現在のところ深刻な事態は起こってないようです。裁判員経験者の満足度・評価は非常に高いともいわれており、国民の間でも次第に定着しつつあるといってよいかと思います。実施されるまでは、「参加したくない」といっていた人が圧倒的に多かったはずですが、調査票や質問票に対する回答率も高いし、実際に呼び出されれば、国民の義務だから参加するという人がほとんどのようです。いずれにしまして、発足三年経過後の二〇一三年には見直しが行なわれるので、皆さんも、自分の問題として考えておくべきですね。

犯罪者処遇段階における改革と死刑問題

犯罪者の施設内処遇

最後に、犯罪者の処遇段階での改革についてお話します。裁判で有罪が確定しますと、その犯罪者は刑の執行としての処遇を受けることになります。少年法については時間の都合で端折ることにしまして、犯罪者の処遇には、刑事施設で処遇する施設内処遇と、社会で普通の生活を営ませながら処遇する社会内処遇とがあります。この処遇段階におきましても、大きな改革が断行されました。

刑事施設内処遇は、これまで監獄法という法律で運営されてきたのですが、一九〇九年に制定された法律はいかにも古く、主として監獄の秩序を守ることに重点が置かれ、犯罪者の改善更生や人権保護の点で大変遅れていたこともあって、法改正の努力が払われてきたのですが、意見が分かれて中々実現しませんでした。しかし、二〇〇一年から二年にかけて名古屋刑務所で刑務所の職員による受刑者の死傷事件が起こり、法改正の機運が高まりました。そして、若干の曲折を経て制定されましたものが二〇〇五年の「刑事収容施設及び受刑者の処遇に関する法律」でありまして、略して「刑事収容施設法」と呼ばれています。この法律の特色は、大きく三つに分けることができます。

その一つ目は、刑事施設に収容されている人つまり受刑者等の人権の強化であります。手紙等を制限したり懲罰を科すといった刑務所長の措置に不服である場合の「審査の請求」、また、職員による受刑者の身体に対する有形力の行使に不服である場合の「事実の申告」、さらに、処遇に不満がある場合の「苦情の申出」といった不服申立制度を新しく作り、人権の保護を図りました。

二つ目は、刑事施設視察委員会の創設です。従来の刑務所は、閉鎖的で外部から目の届きにくい状況にあったため、地域の医師会や弁護士会などを推薦団体とした委員会を構成し、「刑事施設を視察し、その運営に関し、刑事施設の長に意見を述べる」ことによって、刑事施設を外部からチェックし、透明性を確保する制度を作り、刑事施設と地域社会との連携を強めることにしました。なお、この制度は、個々の受刑者の不服申立てを処理するためのものではなく、施設全体の運営の是非、改善向上について意見を述べ、行刑の適切な運営を図るものであることに注意する必要があります。

三つ目は、受刑者の処遇の重点を刑務作業中心から改善指導中心へとシフトしたことが重要です。刑務作業の時間を短縮し、受刑者の資質や環境に応じ、その自覚に訴えて、社会生活に適応できるように、必要な知識・生活態度を習得させることに重点を移したのです。その結果、個々の受刑者に対して改善指導を受けることを義務づけました。義務違反には懲罰を課すことにしたわけです。

これらの他にも、官民共同で運営される新しい刑務所が誕生したり、再犯防止のための刑務所出所者に対する就職支援や地域生活に定着できるようにするための地域生活支援などが試みられるようになってきましたが、いずれも始まったばかりであり、今後の一層の推進が期待されています。

犯罪者の社会内処遇

犯罪者を一般の社会内で自立的な生活を営ませ、その改善更生および円滑な社会復帰を図ること、これが犯罪者の社会内処遇の意味ですが、ここでも大きな改革が試みられています。これまでの社会内処遇の法律は、一九四九年の犯罪者予防更生法と一九五四年の執行猶予者保護観察法でありましたが、保護観察対象者の事件が多発したこともありまして、法務省は、「更生保護の在り方を考える有識者会議」を立ち上げ、その答申を踏まえて二〇〇七年に只今の二つの法律を一本化しまして「更生保護法」という法律を制定しました。

改革の理念だけを申しますと、従来の社会内処遇は、主として犯罪者を社会で改善更生させるという考え方にたって運営されていたのですが、そのようなやり方では犯罪者の再犯防止に役立たないという考え方から、これまでの「更生の目的」を改め、「犯罪をした者及び非行のある少年に対し、社会内において適切な処遇を行うことにより、再び犯罪をすることを防ぎ、またはその非行をなくす」ことを目的とするとしたのであります。つまり、社会内処遇の重点を更生保護から再犯の防止に移したといってよいかと思いますが、その効果は、今のところはっきりしていません。

このほか、現在検討されているものとしましては、刑罰の一種として、社会のなかで無報酬の作業をさせる社会奉仕命令の制度、犯罪者の身体の一部に送信器を取り付け、その無線信号の受信を通じて監視する犯罪者の電子監視制度、それから、刑の一部を執行猶予にする制度などが検討されつつありますが、余り専門的な話になって今日の講演に馴染みませんので、社会内処遇の改革についてはこの程度にいたします。

死刑の存廃

今日の犯罪者処遇の最大の課題であります死刑についてお話します。死刑は、受刑者の生命を奪う刑で、我が国では殺人罪など一七種類の犯罪について死刑を認め、刑事施設内で絞首して執行することになっています。この死刑については、啓蒙期以来、人道主義立場や刑事政策的見地からその廃止論が有力に展開されてまいりました。

また、イギリス、フランス、ドイツ、イタリア等の先進諸国およびアメリカ合衆国の一州が死刑を廃止しています。アムネスティ・インタナショナルによりますと、世界一九七カ国のうち、死刑を存続している国は五八か国、廃止している国は一三九か国です。そして、一九八九年一二月の国連総会で「死刑廃止に向けての市民的および政治的権利に関する国際規約」が採択され、一九九一年にはいわゆる「死刑廃止条約」が発効し、現在五四カ国が批准しています。しかし、我が国はアメリカや中国と並んで未だ批准をしていません。最高裁判所も、死刑は憲法三六条の残虐な刑罰には当たらないとし、死刑選択の基準を厳格にしてはいますが憲法には違反しないとする態度を堅持しています。なお、死刑が確定した数は、一九七九年から二〇〇三年まで年間一桁に過ぎませんでしたが、二〇〇四年から二桁に転じ、二〇〇七年には二三人となりました。その後、減少しているというもの二〇一〇年度は一七人を数えています。年二、三件ですと死刑は有名無実に等しいともいえますが、二けた台が続きますと、改めて死刑の存在理由が問われてきます。

死刑を廃止すべきかどうかについては、実に多くの議論が交わされてまいりましたが、二〇一〇年八月に実施された内閣府の調査によりますと、廃止に反対する人は、実に八五・六パーセントなのですね。当時の法務大臣は死刑廃止論者ですので、法務省も死刑問題に本格的に取り組む準備をしていたようですが、世論調査の結果を見ると、簡単に死刑廃止を打ち出せる状況ではありません。一方、二〇〇八年五月に「量刑制度を考える超党派の会」が結成され、死刑と無期刑との中間に「仮釈放なしの終身刑」を設けるという提案をしています。狙いはいろいろあるようですが、その一つは、一〇年で仮釈放できる無期刑よりも重い「仮釈放なしの無期刑」を作って死刑を出来るだけ適用しないようにするということにあります。死刑廃止が難しいことを考慮した提案です。

一九九三年九月の最高裁判決で、大野裁判官は補足意見を示し、死刑が残虐であるかどうかについて、「この四五年間にその基礎にある立法事実に重大な変化が生じていることに着目しなければならない」とし、「死刑が残虐な刑罰に当たると評価される余地は著しく増大した」と述べました。つまり、憲法制定時と比べて人心は変化し、一般の人の間でも死刑は残虐だとする人が増えてきたので、死刑が残虐な刑罰として憲法違反になりうるといったのです。私は、国が人の生命を奪うということは人道上許されるものではないと考えていますが、我が国の国民感情が死刑を積極的に容認している以上は、簡単に廃止することはできないと思っています。まして、憲法や法律が死刑を容認する制度を置いている以上、死刑の適用は止むを得ないのです。死刑の起案書にサインすると、その法務大臣を非難するような新聞記事が出ますが、それは不当だと思うのです。法律がある以上、「天も人も許さない」極悪非道な犯罪者が死刑になるのは仕方ないことなのです。

しかし、国民感情が変化して、死刑が通常の人間感情にとっては堪えがたい刑罰であると思われるようになったときに、「残虐な刑罰」として廃止されるべきだと考えています。そして、死刑に格別の犯罪防止効果がないことは今や専門家の間では明らかであり、しかも現実に誤判のために冤罪で刑を科されている人がおり、ひとたび死刑が執行されてしまいますと、無実と判ってても取り返しが効かないのですから、死刑廃止のために一層の努力を払うべきであると考えています。

そうしますと、当面の現実的な解決策としては、死刑制度を残しながら実際に適用されるケースは殆どないといった案が妥当ということになるのではないか。この点で注目されますのは、死刑の執行延期制度です。これは、今では廃案となってしまいました改正刑法草案の審議過程で提案されたものですが、裁判所が死刑を言い渡すとき、裁判所の裁量で死刑の執行を五年間延期する、そして、刑事施設で矯正に必要な処遇をし、五年間経過した時点で裁判所の裁量で死刑を無期刑にし、二〇年経過後に仮釈放を許すというものです。この案が見送られたのは、ただでさえ死刑の適用は慎重にされているのだから、死刑廃止案と実質上変わらないというものでしたが、私は、基本的にこの案に賛成です。

ちなみに、お隣の韓国は死刑制度を持っているのですが、金大中政権以降、死刑の執行がなされないまま一三年間が経過しています。一方、中国は、毛沢東時代に「執行猶予付きの死刑」を制度化しましたが、現在では、死刑が適用できる犯罪の数を減らし、七五歳以上の者には死刑を適用しないといった改正がなされていますが、依然として死刑は多用されていまして、死刑の判決が確定しますと、日本の最高裁判所に当たる最高人民法院の承認後、七日以内に執行されています。

以上、近年の刑事法の改革を概観してみました。長時間のご清聴ありがとうございました（本稿は、二〇一一年二月五日学士会館で行なわれた講演に加筆・訂正したものです）。

日本の犯罪被害者支援のあゆみと現状

はじめに

日本の犯罪被害者支援を振り返りながら、今後の支援の在り方について私見を述べることにしたい。日本の犯罪被害者支援の流れは、大きく四期に分けることができる。

第一期は、一九七四年の三菱重工爆破事件を切っ掛けとして、京都で結成されていた「被害者補償制度を促進する会」の活動が活発となり、犯罪被害者補償制度による経済的支援が目指された時期である。長年にわたる紆余曲折を経て、一九八〇年に犯罪被害者等給付金支給法による「犯罪被害給付制度」が創設され、一応、経済的支援が日の目を見ることができた（遺族給付金・最高八〇〇〇万円、障害給付金・最高九五〇〇万円）。

第二期は、一九八〇年～一九九〇年頃の一種の空白期であり、国連総会での「犯罪及び権力濫用の被害者及び証人保護の基本原則」の採択や、ヨーロッパ評議会の勧告などで被害者保護の国際的取組がなされていたが、我が国では、給付制度が出来てしばらくの間、被害者問題にほとんど関心が払われなかったのである。

第三期は、一九九一年～二〇〇四年ころまでであり、これを発展・充実期と称することができる。すなわち、一九九一年に開催された「犯罪被害給付制度発足一〇周年記念シンポジューム」を皮切りに、精神的被害の深刻な事態が浮き彫りにされ、警察の「被害者対策要綱」の制定、犯罪捜査規範の改正などによる被害者連絡制度の情報提供、カウンセリング体制の整備といった総合的支援措置が矢継ぎ早に講じられた。また、犯罪被害者保護二法を中心とする、被害者の負担を軽減し保護の充実を図るための立法措置が講じられた。さらに、犯罪被害者を対象として、被害者の精神的被害の回復・軽減のためのカウンセリング等を行う民間のボランティアによる被害者支援団体の設立が推進された。現在では、約四二の団体が相談活動や直接的支援活動を展開し、一九九八年には、民間の支援活動を充実させるために、「全国被害者支援ネットワーク」が誕生したのである（奥村正雄「第二次犯罪被害者等基本計画の意義と課題」ジュリスト一四二四号二頁参照）。

第四期は、二〇〇四年の犯罪被害者等基本法制定以後である。給付金支給制度の発足以来、被害者支援は、行政および司法面ばかりでなく民間からも支持され、急速に発展・充実してきた。しかし、犯罪被害者団体からは依然として不満の声が大きく、①経済的支援および医療・福祉サービスの不足、②刑事手続きでの被害者の取扱いの不備、③二次的被害による精神的被害に対する支援不足などにつき、民間を含めた支援体制が不十分であり、国民の理解の不足が強く指摘されたのである。二〇〇〇年一月に発足した「全国犯罪被害者の会（あすの会）」が活発な立法運動を展開したこともあって、被害者支援にとってエポックを画する犯罪被害者等基本法が誕生したのである。

犯罪被害者等基本法の理念

犯罪被害者等基本法（以下「基本法」と略す）は、二〇〇四年一二月八日に議員立法として成立し、翌年四月一日から施行されたものである。立法の趣旨は、「もとより、犯罪等による被害については第一義的責任を負うものは、加害者である。しかしながら、犯罪等を抑止し、安全で安心して暮らせる社会の実現を図る責務を有する我々もまた、犯罪被害者等の声に耳を傾けなければならない。国民の誰もが犯罪被害者となる可能性が高まっている今こそ、犯罪被害者等の視点に立った施策を講じ、その権利利益の保護が図られる社会の実現に向けた新たな一歩を踏み出さなければならない」というものである。

同法律は、基本理念として、①犯罪被害者等は、個人の尊厳が重んぜられ、その尊厳にふさわしい処遇を保障されること、②被害の状況および原因、犯罪被害者が置かれている状況等の事情に応じた施策を講じること、③犯罪被害者が、「再び平穏な生活を営むことができるまでの間、必要な支援を途切れることなく受けることができるよう」にすることといった三つの目標を掲げ、国の責務、地方公共団体の責務および国民の責務を定め、関係機関の連携協力による効果的な支援を義務付け、併せて、政府に対し、犯罪被害者等基本計画（以下、「基本計画」と略す）の策定を求めたのである。かくして、犯罪被害者の利益が法律上初めて「権利」として確立されることとなった。

第一次基本計画と成果

政府は、基本法制定後の二〇〇五年一二月二七日に、二〇一〇年度末を計画期間とする基本計画を閣議決定し、取組を開始した。これを第一次基本計画という。その中身は多岐にわたるが、基本計画策定の基本方針として、①尊厳に相応しい処遇を権利として保障すること、②個々の事情に応じて適切に行われること、③途切れることなく行われること、④国民の総意を形成しながら展開されること、以上の四つが掲げられた。支援の重点課題としては、①損害回復・経済的支援等への取組み、②精神的・身体的被害の回復・防止への取組、③刑事手続き関与拡充への取組、④支援等のための体制整備への取組、⑤国民の理解の増進と配慮・協力の確保への取組の五つが掲げられたのである。そして、「犯罪被害者等基本計画検討会」を三つに分けて設置し、最終とりまとめとして閣議決定したものが第一次基本計画である。

三つの検討会の重点項目を簡単に紹介すると、その一は、「経済的支援に関する検討会」であり、給付金の最高額を自賠責並みとすること、重傷病者に対する休業給付の検討、被害者参加制度に伴う公費による弁護士選任などである。その二は、「支援のための連携に関する検討会」であり、関係機関・団体の連携ネットワークの充実、犯罪被害者支援ハンドブックの作成・備付け、被害者の負担軽減のための「犯罪等被害申告票（仮称）」の作成などである。その三は、「民間団体への援助に関する検討会」であり、事業費の援助、財政運営の透明性の確保、窓口部局をはじめ地方公共団体の取組みの促進、コーディネーターの育成などである。

各施策への取組の結果として、まず、損害回復・経済的支援等の取組については、二〇〇七年に「犯罪被害者等の権利利益の保護を図るための刑事訴訟法の一部を改正する法律」が制定され、それまで長い間懸案とされていた刑事裁判所による損害賠償命令制度が導入された。刑事手続で得られた証拠等を利用して被害者等が簡易・迅速に損害賠償を請求できるようにしたのである。また、被害の回復等の取組みについては、重度後遺障害者に対する重症病給付金を新しく設け（一級四、〇〇〇万円）、遺族給付金の給付額の大幅引き上げ等が実現した（遺族給付金最高三、〇〇〇万円）。さらに、刑事手続きへの取組みについては、全国犯罪被害者の会が強く主張してきた刑事手続きへの被害者参加制度が導入された。少年審判の傍聴を認める制度、保護観察対象者に被害者等の心情を伝える制度、仮釈放の審理に際し被害者の意見を聴取する制度などもこの領域の改正である。なお、凶悪犯罪の公訴時効の廃止およびその遡及適用は、全国犯罪被害者の会の主張に基づいたものである。

第二次基本計画の意義と内容

基本計画の実施以降、被害者団体や、民間支援団体からの支援制度の迅速な裁定、施策の見直しや改善の要求があり、内閣府に設置された専門委員会議は、約二八〇項目の論点を整理した。そのうえで二〇一〇年一〇月から三週間にわたりパブリックコメントを募集し、その結果を踏まえて基本計画を見直すこととし、二〇一一年から二〇一五年までの五年間をその期間としたのである。これを第二次基本計画という。その詳細については省略することとし、当面の課題について述べることにしたい。

第二次基本計画で最も重要なものは、経済的支援の取り組みであろう。既述のように、犯罪被害給付金については自賠責並みの金額の増加が実現している。そこで第二次基本計画では、犯罪被害給付金支給制度について迅速な裁定等の運用の改善、カウンセリング等の心理療法の公費負担、および性犯罪被害者の医療費の負担軽減などが盛り込まれているが、特に、新保障制度の創設が重要である。

全国被害者の会は、損害賠償命令は加害者に資力がなければ無意味であること、犯罪被害給付制度は一時金だけであるから事件前の収入が保証されないこと、リハビリ、住宅改造等の環境整備費や義足・通院交通費等の医療関係費が犯罪被害給付制度では補償されないことなどを不満として、治療費や環境整備費等を現物支給し、年金制度を取り入れた「生活保障型」の制度を創設すべきであるとしている。二〇一一年一月二三日に開かれた第一一回大会では、「現在の犯給法は、見舞金的性格ないし損害の一部補塡という性格が強いため、医療費が完全には無償化されておらず、また、一時金でしか支払われていない。この考え方を抜本的に改め、本当に困っている人に十分に途切れることなく補償し、被害を受ける前の平穏な生活を取り戻すことができるような新たな『生活保障型』の被害者補償制度を創設し、かつ過去の犯罪被害者にも遡って適用されることを求める」（第一決議）とする大会決議が承認されている（全国被害者の会・ニューズ・レター四一号二一頁）。自賠責保険や他の災害補償制度との関係、財源の問題等の解決の困難を伴うことは必定であるが、現行の犯給制度を前提にして、「本当に困っている被害者」に対する救済の方法を検討すべきであろう。

精神的・身体的被害の回復・防止への取り組みについては、ＰＴＳＤの診断・治療にかかる医療保険の適用など、保健医療・福祉サービスの体制の整備および施設の充実が求められている。また、安全の確保については、特に、保釈に関する情報の提供など、加害者に関する情報の拡充が求められている。さらに、刑事手続きへの関与に関しては、被害者参加人のための国選弁護制度の整備が検討課題となろう。

支援等の体制整備と民間支援

第二次基本計画の各項目について主な課題を拾ってみたが、それぞれ解決に困難な問題を含んでおり、その完全な実現は容易でないと思われる。したがって、特に市町村や民間支援団体の役割は、きわめて大きなものがあると思われる。市町村等の地方公共団体が総合的な対応窓口を設置し、民間団体と連携して支援する体制を整備する必要がある。近年、被害者支援に特化した条例が制定されるようになり、民間団体との連携による支援が全国的に広まっているのは心づよい。

民間支援団体は、任意団体から社団法人となった頃から支援活動が活発になり、特に犯罪被害者等早期援助団体として公安委員会から指定されるようになってからは、支援の中心が電話等の相談活動から裁判所や病院への付き添いといった直接的支援に移り、支援の効果を上げつつある。筆者の属する京都犯罪被害者支援センターを例にとると、二〇〇一年の直接的支援は七件であったものが、二〇〇三年に「早期援助団体」の指定を受けた翌年には一一九件、二〇一〇年度は三五〇件となっているのである。

私は、これまで述べた基本計画が一日も早く具体化することを期待するものであるが、しかし、被害者が「再び平穏な生活を営むことができるようになる」王道は、訓練されたボォランティアの皆さんが、無私の気持ちで、被害者のかたがた一人ひとりの感情を優しく受け止め、根気強く、柔軟性を持って支援に当たることであると考えている。その意味で、直接的支援こそ民間支援の要であると考える者であるが、支援に要する費用は相談活動の比ではない。二〇〇五年に特定公益増進法人に認定され、また、今年の四月から公益社団法人として免税措置を受けられるようになり、多少の寄付も頂戴できるようになったが、公的資金による財政的支援が一日も早く実現することを切望する次第である（全国被害者支援ネットワーク他編・犯罪被害者支援の過去・現在・未来〔二〇一一年〕所収）。

草創期の日本被害者学会

草創期の日本被害者学会を語る最適任者は、本学会の生みの親とも称すべき慶応義塾大学名誉教授　宮澤浩一先生であることは言うまでもないが、先生がご健康を害しておられるため、私にお鉢が廻ってきた。そこで、私のみた「日本被害者学会」の草創期（創立5周年＝被害者学研究第五号まで）を記すことにしたい。

日本に被害者学会を創ろうという話が本格化したのは、一九八二年に日本で「国際被害者学シンポジューム」が開催された以降のことである。宮澤先生と私は、それまでも「刑法研究会」などでご一緒していたが、被害者補償問題との関連で私も被害者学会に関心を抱くようになり、一九七六年にアメリかのボストンで開催された第一回「国際被害者学シンポジューム」に先生のお誘いで参加し、同地に滞在している間、日本でも学会を作ろうという先生からのお誘いの話を何度か聞かされていた。それから六年後、宮澤先生の肝いりで、第三回「国際被害者学会シンポジューム」が、東京と京都で開催された。東京は宮澤先生を中心として、諸澤さんや安富さんといった慶応義塾大学出身の関係者が協力し合い、京都では私が中心となって、故墨谷葵さん、瀬川君、藤岡君といった同志社大学出身の関係者が協力し合ってシンポジュームを開催し、成功裡に終わった。宮澤先生は、その成功を大変お喜びになられるとともに、大いに自信を深められ、日本でも被害者学会を設立すべきであると決断されたようである。

間もなく、お手紙で正式に強く協力を求められ、私は、半ば先生の情熱に圧倒されて了承し、早速、慶応と同志社を中心に事務体制を整えて設立準備に入った。準備段階では、東京の諸澤さんや安富さん、京都では瀬川君や川本君、特に今は亡き青木紀博君などが設立準備に尽力されたが、青木君は東京の皆さんとの意思疎通を図るために、文字通り奔走されたのである。

こうして、一九九〇年一一月一七日、三田の慶應義塾大学で「日本被害者学会」設立総会が開催された。私は、当時、大学長の職がたたって健康を害していたため出席できなかったが、設立発起人として、刑事法や刑事学の学者ばかりでなく法務省、警察庁関係の蒼々たる方々、消費者関係の著名な弁護士さんが名を連ねるというように、実に多彩な顔ぶれの発起人を中心に設立総会が開催されている。設立準備の段階では、慶応関係者と同志社関係者だけの学会になるのではないかという不安が脳裏を掠めたが、学会創設後の数年間、予想に反して年々学会員及び学術大会の参加者が増え、次第に学会の体裁を整えてきた。もっとも、会員は東京と京都に在住の方が中心であり、なかなか全国区にならなかったし、また、国立大学の研究者の会員および学術大会への参加者が皆無であったことも、悩みの種であった。一橋大学名誉教授の福田平先生が会員として参加してくださっていることに感謝したものである。

学会創立から五年経過した頃までを振り返ってみると、既に被害者学の研究がかなり進んでいたことを反映してか、学術大会の個別発表、共同研究の論題が、多様な問題に及んで活発に論じられていた。特に、設立準備委員会で議論のあった被害者学の領域と被害者学の定義について、「わが国における被害及び被害者に関する学際的かつ総合的研究」（規約一条）と規定したこともあって、いじめの被害　消費者被害、親による性的虐待、子供の被害と被害対策といったように、実に多方面の研究が報告され、また展開された。もっとも、規約の定義をめぐっては、余りにも漠然としていて研究対象が無限定になってしまうといった意見があったため、「日本犯罪被害者学会設立の趣旨」においては、「学会で扱うテーマは、犯罪被害に限らないが、犯罪・不法行為などの『違法な行為を原因とする被害』に限る」としたので、今考えると、その趣旨を規約に盛り込んだほうが良かったかとも思われるが、いずれにせよ、「設立の趣旨」に従って、広い意味での被害および被害者について議論が展開され、今日の研究の土台を築くことができたように思われる。

また、「シリーズ・世界の被害者学」が被害者学研究三号から開始されるとともに、五号では「アジアの被害者学」を特集するなど、宮澤先生の強い影響の下に、被害者学の国際交流の兆しも見え始めたのである。

日本被害者学会は、宮澤先生の指導力によって立ち上げられたが、草創期において、既に学会としての体裁を整えることができたと評価してよいであろう。私は一九九五年に理事会互選により副理事長に就任し、二〇〇一年から理事長に就任したが、草創期の方向に即して運営し、その後の学会の発展に尽くすことができたのではないかと考えている（日本被害者学会・被害者学研究二〇号（二〇一〇年）所収）。

日本学術会議での活動

私は、一九九一年に日本学術会議会員に選ばれ、第一五期から第一七期まで九年間勤めさせていただいた。日本学術会議の歴史や機構については、犯罪社会学会から推薦された澤登俊雄さんの記述に詳しいので、ここでは特に刑事法学研究連絡委員会（刑事法研連）の活動状況を紹介し、若干の個人的な感想を述べることにしたい。

第一五期は、刑法学会の推薦で私が学術会議会員に選ばれ、犯罪社会学会からは三期目の澤登さんが会員に選ばれた。刑事法研連委員としては、刑法学会からの推薦である阿部純二氏、荒木伸怡氏、井上正仁氏、木暮得雄氏、町野朔氏、三井誠氏、犯罪社会学会からの推薦である斉藤豊治氏が委員となり、委員長は私が担当した。なお、澤登さんは、他の研連に所属し、刑事法研連にはオブザーバーとして出席されることとなった。

私は、日本学術会議のそれまでの活動を振り返ってみて、常置委員会や特別委員会の折角の問題提起が学術会議内部の論議に留まり、社会的影響力はほとんどないことを痛感していたので、委員長に就任早々から、刑事法研連を通じて、刑事法に関連する課題を社会にアピールする方法を採ろうと考えた。そこで刑事法研連の強化を念頭に置きながら、一九九一年一二月に第一回の委員会を開催したが、急に方針を変えるのもいかがなものかと考え、第一五期三年間はそれまでの研究会方式を踏襲することにして活動方針を検討した。その結果、当時の学術会議全体の重点課題を考慮して、①国際化と刑事法、②「生命と死」と刑事法、③環境と刑事法の三つを課題として設定することとなった。

初年度は、「国際化と刑事法」を課題として研究会を開催し、討議の結果、各法分野にまたがる日本法研究の国際センターが必要であるという意見がまとまり、これを「日本比較法研究所の設置」構想として成文化し、第二部に提出した。二年目は「『生と死』と刑事法」をテーマとして討議が行われ、その成果は、大谷が幹事を務めている「死と医療特別委員会」に反映させることにした。三年目のテーマは、「環境と刑事法」であるが、こちらは事情で刑事法研連内部で問題を提起するだけに留まった。

刑事法研連の活動は、従来、主として研究会方式で進められていたようであるが、第一五期では、先に述べたような問題意識から、刑事法研連でまとまった意見を少しでも政策形成に影響を与えようと試み、第一テーマは、そうした意図に基づいて二部に送ったのである。しかし、二部会議では紹介があっただけで、学術会議としては何の話題にもならなかった。ともあれ、第一五期の刑事法研連の委員会は、三年間で一〇回に及んだが、社会へのアピールという点では、従来と余り変わり映えがしなかった。

そこで、第一六期の最初の委員会では、明確な方針の転換を提案させていただいた。当期の刑事法研連委員は、刑法学会推薦の学術会議会員である大谷（会長）、犯罪社会学会推薦の学術会議会員である所一彦氏、刑法学会から石川才顕氏、中森喜彦氏、新倉修氏、町野朔氏、村井敏邦氏、犯罪社会学会から斉藤豊治氏であったが、第一六期では、特に刑事法にかかる大きな政策的課題を取り上げ、その検討結果を何らかの形で一般社会にアピールするという提案をさせていただき、了承を得ることができた。

そこで、第一六期の活動方針として、当時オウム真理教事件などを契機として、積極的な死刑存置論が主張されるようになり、死刑存廃論議が活発になってきていることを踏まえて、死刑問題を主題として検討し、その成果を公開シンポジュウムの形で社会にアピールすることを決めていただいた。そして、刑事法研連では、三年間に九回の委員会を重ね、様々な角度から死刑問題の検討を行い、一九九七年五月二六日に、日本学術会議講堂において「死刑制度の行方」と題する刑事法研連主催のシンポジュウムを開催した。研連委員の皆さんは精力的にシンポジュウムの準備と進行に当たられた。そして、当日は、フロアーからも活発な意見が出て、白熱した論議が展開された。予想外の充実したシンポジュウムになったのである。参加者は、刑事法研究者だけではなく、死刑問題に関心の深い市民や学生達も含め、約一三〇名であった（詳しくは、斉藤豊治「日本学術会議報告」刑法雑誌三七巻二号一二四頁参照）。なお。特別講演をお願いした佐伯千仭先生の講演、パネリストとしてお願いした名古屋大学教授の平川宗信氏、当時の筑波大学教授の土本武司氏、元広島拘置所総務部長の坂本敏夫氏、それから研連委員の所一彦氏のご報告の内容は、法律時報六九巻九号に特集として掲載された。

第一七期の研連活動は、一九九七年から三年間にわたって行われた。当期は、前期に引き続いて学術会議会員である所一彦氏と大谷に加えて、刑法学会から酒巻匡氏、佐久間修氏、新倉修氏、林美月子氏、村井敏邦氏、犯罪社会学会からの斉藤豊治氏の八氏が研連委員として活躍された。

第一七期においても、前期と同様の方針を採ることが確認されたうえで、何をテーマとするかについて活発な論議が交わされた。結論として、「少年問題」を中心に取り組むことになった。周知のように、当時、少年非行が激増し凶悪化しているという認識のもとに少年法の改正が論議されており、また、法制審議会の改正案については賛否両論が白熱し、改正案は「世紀の恥辱」とまで酷評する見解も現れたほどである。そこで、刑事法研連としてもこの事態を真剣に受け止め、論議を刑事法の分野に留めないで、できるだけ幅広い視点から問題を捉え、そのうえで少年法改正の在り方を一般市民に問いかけるべきではないかという結論に達し、数回の討議を経てシンポジュウムを開催することにした次第である。

シンポジュウムは、日本学術会議刑事法学研究連絡委員会の主催による日本学術会議五〇周年記念シンポジュウムとして、「少年非行と少年法」と題して一九九九年五月三日に日本学術会議講堂で、約一五〇人の参加者を得て開催された。このときも、刑法学者ばかりでなく、少年問題に関心のある一般市民の方々、犯罪被害者やその遺族の方、それに学生などが参加した。平場安治先生の「少年法改正に思うこと」と題する特別講演の他に、パネリストとして、評論家の芹沢俊介氏、弁護士の坪井節子氏、中日・東京新聞論説委員の飯室勝彦氏をお迎えし、また、研連委員の村井氏にも加わっていただき、白熱した論議が展開された。シンポジュウムの内容は、法律時報七一巻一〇号に掲載された。

日本学術会議は、我が国の科学者の内外に対する代表機関として、科学の向上を図り、行政、産業及び国民生活に科学を反映・浸透させることを目的とした国の機関である。しかし、正直言って、学術会議の存在は、政府の交付する学術上の補助金の配分や海外派遣の決定のときに話題になる程度で、一般社会では、その存在すらほとんど知られていないのが実状であろう。日本学術会議の存続が絶えず議論されるゆえんである。そうした点に配慮して、第一六期と第一七期の活動は、「国民生活に科学を反映浸透させること」（日本学術会議法二条）という学術会議の目的に、ささやかながら貢献しようとしたものである（日本刑法学会編・日本刑法学会五〇年史（二〇〇三）所収）。

日本刑法学会での活動

私は、一九七五年から二〇〇〇年までの二五年間、日本刑法学会の理事を務めたが、一九八五年から日本刑法学会常務理事に就任し、刑法雑誌編集委員会の任務を与えられ、一九九二年までの二期六年間、雑誌の編集を担当させていただいた。その間の若干の感想を述べることにしたい。

刑法雑誌一巻一号は、一九五〇年六月に発行された。その創刊号の巻頭に、瀧川幸辰理事長の「創刊のことば」があり、その末尾で「現在は年に四回発行の謂ゆる季刊雑誌」とし、「当分はこの形で進んでゆく」という編集方針が述べられている。将来は発行回数を増やしていくとする趣旨であったようだ。それ以来三三巻四号まで、日本刑法学会は『Published Quarterly by Nihon Keihou Gakkai』と裏表紙に明示して、各巻四号の編集方針を取ってきたのであった。しかし、その後、この編集方針を維持することはかなり困難だったようで、合併号も多かったし、各巻が予定通り発行されなかったことも屢々であった。私が編集長に就任した時点では、創刊三五年が経過しているのに関わらず、二六巻が発行されるにとどまっていたのである。

そうした状況の下、松尾浩也理事長が誕生した。松尾理事長は、一九八五年五月の新理事会で、「刑法学会大会の開催と刑法雑誌の発刊とは、日本刑法学会の二大事業である」と明言され、刑法雑誌の一層の充実を図るという方針が理事会で承認された。その方針のもとに雑誌委員が増員されるとともに、常務理事である私が編集委員長に任命されたのであった。

そこで、私は、まず、編集委員会において「年に四回発行」という学会で承認されてきた編集方針を確認し、これを貫徹したい旨の提案をさせていただいた。日本刑法学会の学会誌が、自ら定めた編集方針を守れず、年間二号が「やっと」というのでは、国際的にも顔向けできないのではないかという思いがしたからである。私の提案は、それまでの実績からすると、いささか望蜀の感がしないでもなかったが、何とか任期中に一歩でも近づけたいというのが、当初の私の念願であった。

私が最初に担当した刑法雑誌二七巻一号の「編集後記」は、この点について、いささか悲壮な編集上の決意を述べている。少し引用してみると、「法律専門雑誌が多すぎるのではないかという意見がつよい。実際、各大学法学会の研究誌を含めると一五〇種を優に超える法律雑誌があるのだから、もう既に過剰を通り越しているといってもよいであろう。そんな状況のなかで、刑法雑誌を一層充実させるのは、至難の業というべきかもしれない。しかし、他面、刑法雑誌の編集を『民主化』すべきであるという批判の声も、小さくないようである。会員数が増加し、若い研究者の優れた研究に目が行き届かなくなってきたためかもしれない。同時に、これまで学会をリードしてこられ、既に学会の役員から離れられた会員に、ご執筆をお願いしてみてはどうか、という要望もしばしば耳にする。そして、何よりも、もっと売れるように、魅力に富んだ企画を立てるべきではないかということが、新委員に突きつけられた最大の課題になるであろう。これらの意見に耳を傾けながら『やるっきゃない』ようである」。

こうして、一九九五年六月の理事会における「各巻三号とする」という方針が承認されるまで、四号体制が維持された。私が担当したのは二七巻一号から三二巻二号までであるが、二二号分は私の文責で「編集後記」を書かせていただいた。今、その編集後記をたどりながら振り返ってみると、やはりそれなりの苦労は味わったようである。

年四回となると、かなりの本数の論文が必要になるので、その確保は年四号体制の死命を制することになる。そして、学会の機関紙である以上は、編集委員会が責任を持って編集方針を立て、それに基づいて編集をする必要がある。そこで、編集委員会でそのことを確認し、とりあえず学会員の研究活動状況を反映した編集をすることにした。大会の個別報告、共同研究およびワークショップの成果、さらに各支部での活動状況を中心に編集し、時折、編集委員会が依頼する原稿を掲載することにしたのである。特にそれまで屡々問題となった「持ち込み原稿」は、原則として掲載しない方針を取った。そのために、いくつかのトラブルがあったが、一年経過した段階で持ち込み原稿はほとんどなくなり、二七巻四号の編集後記では、「発行を年四号にするという編集方針は、曲がりなりにも達成できたわけであり、ここに、会員の皆様のご支援に対し、編集者一同、改めて感謝申しあげる次第である」と安堵の意を表することが出来たのである。

もう一つ手を焼いたのが締め切り日である。それまで年四回の発行方針が守られなかった最大の原因は、おそらく執筆の約束を反故にしたり、執筆者が締め切り日を守らなかったからではないか。その点に留意して原稿の催促をさせて貰ったが、私が編集長に就任したころは、なかなか約束を守ってくれない図図しい人がおり、難儀させられた。しかし、妥協しないで、文字通り「夜討ち朝駆け」の電話催促を試みると、さすがに皆さん約束を守って下さり、次第に原稿催促に苦労することはなくなった。「悪名」が高くなったためと思われる。

こうして、年四回発行の方針は次第に定着したのである。それを踏まえて、一九八九年六月の理事会で、新たな「編集方針」を提案し、了承していただいた。「①可能な限り年四号を発行すること。②特集形式を中心として編集すること。③掲載すべき研究成果は、a大会で発表されたもの（研究報告、共同研究、ワークショップ）、b地域的な共同研究の成果、cその他編集委員の特に推薦する論文」というものである。

三〇巻三号以下では、この編集方針で発行されてきたが、一九九五年六月二日開催の理事会で「各巻三号とする」方針が承認され、四号体制が変更されて三四巻から実施されることになり、今日に至っている。三井誠雑誌編集委員長の執筆になる編集後記によると

（三四巻三号）、「各巻四号の方針は、機関誌の在り方に対する刑法学会の積極姿勢を示すものであった。営々と築いてきたその実績は誇らしく、また、今後も充実した内容を提供し続けなければならないことは疑いない。ただ、会員にとって、発表媒体の数が少しずつ増し、全国大会の年一回開催が定着するに伴って、各巻と各年とが正確に対応しなくなってきた」ということがその理由であるとされている。

しかし、既に述べたように、発表媒体の数が多いこと、年一回の大会という事態は、一九八六年当時でも同じである。むしろ会員数が増加し、学会の財政も好転しているはずであるから、年四号体制は一層維持しやすい状況にあるように思われる。その意味で、年四号体制を確立した者の一人としては、突然の方針変更はいささか納得できないものがあった。また、年四号時代の企画を顧みても、掲載された業績は、商業誌とは違った優れたものが多かったように思う。

私としては、松尾理事長が、「本号まで二〇有余回編集後記を書き続けた大谷教授には、ひそかな感慨もおありに違いない。誠にご苦労さまであったと思う」（三二巻二号）という労いのお言葉に満足するほかにない。また、平野龍一先生からは、「雑誌の編集については、大谷實教授の敏腕は驚嘆すべきものがある。かつて苦労した者にとっては、今昔の感がある」(三八巻三号)というお褒めの言葉も頂戴した。もって瞑すべきであろう(日本刑法学会編・日本刑法学会五〇年史(二〇〇三)所収)。

第4部　同志社の将来

同志社教学の理念

本日は、「同志社教学の理念」というテーマでお話をします。約一〇年のアメリカ滞在から、「教育こそ文明の基である」という確信を抱いて帰国しました、キリスト教の牧師であり宣教師でもあった校祖新島は、彼の片腕とも称された「山本覚馬」の協力で学校建設に取り組みました。元会津藩士の山本覚馬は、戎辰戦争で捕縛され、薩摩藩邸に幽閉された経験のある方ですが、彼の文明開化的、先駆的な考え方が評価されて、当時の京都府顧問として活躍していたのです。その山本覚馬の支援と、アメリカンボードから派遣されていたアメリカ人宣教師デイビスの協力によって、一九七五年一一月二九日午前八時、六人の生徒で同志社英学校開設の祈禱会を開き、熱い祈りをささげてから授業を始めたといわれます。

「同志社」という学校名は、山本覚馬の発案で「目的を一つにする同志の結社」という意味として名づけられ、同志社は、文字通りキリスト教を教育の理念とするミッションスクールとして出発しました。しかし、同志社の設立は、新島にとって、苦渋に満ちたものでした。京都仏教会の猛烈なキリスト教反対運動、京都府側の消極的な姿勢と聖書教育の制限、そして、アメリカ人の宣教師団との対立といった困難に立ち向かいながら、新島は、現在の同志社大学今出川キャンパスに本格的な校舎を建設して、官許同志社英学校を軌道に乗せることに成功したのです。しかし、同志社は、第二次世界大戦の戦時下では、右翼的政治勢力などによる弾圧や妨害を受けることになります。

加えて、深刻な学園内の対立・紛争といった危機に度々遭遇するのですが、先輩達の英知と献身的な努力によりまして、今日まで、同志社は歴史と伝統を築き上げ、「地の塩」「世の光」として活躍している多くの有為な人材を世に送り出して来たのです。現在は、大学を中心に一二の学校、四二、〇〇〇人が学ぶ一大総合学園に発展し、今年は、創立一三五周年の記念すべき年となったのです。

ところで、今日までの同志社を支えてきたのは、「良心教育」であるとするのが、同志社関係者の理解です。同志社の今出川キャンパス正門の良心碑は、一九四〇年一一月二九日、同志社創立六五周年の記念日に、新島永眠五〇周年を記念して建立されたものですが、そこに刻まれている「良心の全身に充満したる丈夫の起こり来たらんことを」という碑文は、同志社建学の精神、教学理念の象徴であり、モットーとされてきました。

このように、同志社の同志社たる所以のものは、良心教育であるされてきましたが、肝心の「良心教育の中身は何か」ということになりますと、必ずしも明快なわけではありません。一方、同志社の教学のプリンシプルは、キリスト教主義、自由主義、国際主義の三つに集約されるといわれてきましたが、それらのプリンシプルと良心教育はどのような関係になるのかについても、十分な思索がなされてこなかったように思います。今日は、その辺の事情をお話しして、現在の同志社のミッションは何かついて考えてみます。

まず、キリスト教主義、自由主義、国際主義についてですが、それぞれを貫いている原理は、キリスト教主義であります。学校法人同志社の憲法ともいうべき「寄付行為」の二条は、「同志社はキリスト教を徳育の基本とする」と謳っているところです。では、これまで同志社は、寄付行為の規定にあるキリスト教主義を標榜しないで、何故、「良心教育」を同志社の看板として掲げてきたのでしょうか。現に、この寄付行為の規定に関連して、同志社はキリスト教の伝道ないし布教を目的とするミッションスクールであると誤解されている方も多いようです。五年前から、入社式の前に新入社員を対象として教育講演会を実施しているのですが、「同志社はミッションスクールでしょう」と申される方が少なくないのです。

たしかに、同志社創立の当初は、学校の経営はアメリカン・ボードと称するキリスト教宣教師の派遣団体が握っていたのでありまして、現在の今出川校地への進出もアメリカンボードが決めたものでした。ちなみに、今出川校地は旧薩摩藩屋敷跡でありまして、山本覚馬から譲り受けたものです。一方、新島は、念願の大学設立を目指して、自治自立の精神にたって、アメリカンボードからの独立を宣言しました。新島は言います。

口語訳で紹介しますが、「もしも同志社大学の設立を持ってキリスト教を普及させる手段とか伝道師養成の目的とみなす人がいたら、それは私達の考えを理解しない人達である。私達の志すところは、さらに高い。私達はキリスト教を広めるために大学を設立するのではない。ただ、キリスト教主義には、本当に青年の精神と品行とを磨く活力が備わっていることを信じて、この主義を教育に適用し、さらに、この主義でもって品行を磨く人物を養成したいと願うだけである」と明言しています。

それでは、新島がいう良心教育とは、どのようなものなのでしょうか。新島は、教育は、一国の大事業であるという考え方で、「一国の良心とも言うべき人物」を世に送り出すことを大学教育の目的としました。「道徳心を磨き、品性を高め、ただ、技術や才能ある人物を育成する」だけではなく、いわゆる「良心を手腕に運用する人物の養成」を同志社教育の理念としたのです。

では、「良心を手腕に運用する人物」とは、どんな人を言うのでしょうか。彼は言います。それはただ、キリスト教の神を信じ、真理を愛し、他人に対する思いやりの情に厚いキリスト教の道徳によって、「一国の精神となり、活力となり、柱石となる人物」である。良心教育とは、キリスト教を身につけた人間を育てる教育、神を信ずる人物を育成することを徳育の基本とする教育であるということになります。

このように、新島は、良心教育の基礎として、キリスト教の神を信ずることに求めているのですから、良心教育とキリスト教教育とは同じであるということになります。本日、私が申し上げたいのは、まさに、その点にあります。一方、新島は、自由主義を説き、国際主義を強調しています。それらのプリンシプルと良心教育は、どういう関係に立つのかについても考えてみたい。

まず、良心教育とキリスト教主義の関係ですが、「キリスト教の信仰が人の徳性を涵養するし（道徳心を養い育てる）、その品行を高尚ならしめ、その精神を公明正大ならしめる」のであり、そこにキリスト教主義を徳育の基本とする所以があるといっています。しかし、ここで注意しなければならないのは、キリスト教といわないで、「キリスト教主義をもって徳育の基本とする」としている点であります。そして、同時に、キリスト教主義教育を良心教育と言い換えている点に私は注目したいのです。と申しますのは、良心教育にとって、キリスト教の神を信ずることが不可欠であるとしますと、キリスト教の神を信じない人にとっては、良心教育は無縁となってしまうからです。

新島が、キリスト教の信仰を教育の原点に据えていることは疑う余地がありません。彼が、大学設立運動と平行してキリスト教会を作り、牧師としての活動に熱心であったことは、そのことを良く物語っています。しかし、誤解を恐れずに敢えて申し上げますと、彼が、キリスト教教育とは言わないで、キリスト教主義教育とか良心教育を標榜したのは、キリスト教の信仰に捉われない、一般の青年にも良心教育を授けるべきだと考えたからではないか。また、そう考えたほうが筋が通るように思います。彼がいみじくも指摘しているように、当時、キリスト教を信じない人も良心教育に共感する人が増えていたのです。現在の多くの同志社人が、キリスト教の信仰とは関係なく、良心教育に共感し、実践する人が沢山いることも事実であります。

それでは、キリスト教抜きの良心教育は、可能なのでしょうか。その答えを出す前に、そもそも良心とは何かについて考えてみたいと思います。

「良心とは何か」という問題は、ソクラテス以来、様々に語られてきました。キリスト教神学でも、良心論は活発です。なかでも、二〇〇七年春学期に神学部長の水谷先生がなさった「良心とともに生きる」と題された講演は、神学における「良心」問題を的確に教えてくれています。「二〇〇七 春学期 講演集」に収録されていますのでお読みいただきたいと存じますが、ここでは、そうした哲学的・神学的な良心論は暫く措きまして、良心という言葉は、儒教等でも使われていた言葉ですから、その意味を調べてみますと、普通、良心とは、「何が善であり、何が悪であるかを知らせ、善を命じ、悪を斥ける個人の道徳意識」であると定義されています。そして、良心の働きとは、自分自身の善悪の判断を決めることであるとされています。

ちなみに、こうした道徳意識は、どうして人間の心に生まれるのか、その根底にあるものは何かについても、随分と議論されてまいりました。ソクラテスは、これを「ダイモニオンの声」といったのですし、キリスト教は「全能の神」、哲学者カントは「私のうちにある道徳法則」すなわち道徳的世界秩序といったのでした。しかし、その根底がいずれにあるにしましても、人間の心の中に、善と悪とを区別して善を選び悪を斥ける意識が誰にも備わっており、常にその意識が働いて、私達の行動を規律しているという点が重要なのではないかと思います。したがって、人間のモラルや倫理、あるいは善や悪に結びつく行動には、常に、心の法廷・裁判所としての善悪を判断する心、つまり良心が働き、自分は何をなすべきか、また、何をなしてはならないかについての答えが求められている。その答えに誠実に従い、勇気を持って実行することが良心的行動だということになります。逆に、善悪の判断ができない、あるいはできてもそれに勇気をもって従うことのできない人が、非良心的な人ということになります。

そうだとしますと、大切なのは、まず、何が善であり悪であるかを自ら判断する能力、その能力を養い培うことではないか。あることが善であり悪であるかは、時代や国、場所によっても違ってきます。したがって、良心的行動にとって最も大切なのは、事を起こす時に、正しい判断、善悪の判断を的確に行うことのできる能力を養うことであります。それが人間としての教養であり、それを学ぶのが教養教育すなわちリベラルアーツなのです。

いずれにしましても、人間としての理性を持っている人は、自ら培った価値基準が必ずあるはずであり、それに照らし合わせて物事を判断する。その判断基準が良心の声でありまして、その声に従って、誠実かつ勇気を持って実行に移すことが良心的行動であると思うのです。

ちなみに、私はクリスチャンですから、善悪が問題になるような決断に迫られる時、自らの価値基準で悩み苦しみますが、最後は、祈りを通じて、絶対者である神に問いかけ、答えを待ちますし、それが正しい生き方だと信じています。良心教育には信仰が重要な要素になると思っています。しかし、例えば、「自分を愛するように貴方の隣人を愛せよ」

とか「受けるよりは与えるほうが幸いである」といったキリスト教モラルは、クリスチャンでなくても十分理解できるし、実践も不可能ではないと思います。

したがって、「人間の生き方として善悪の判断が問われるような場合には、自分の行動について自問自答し、迷い苦しみながら、新島の言う「独自一己の見識」をもって判断し、行動すべきなのです。

それでは、判断基準としての独自一己の見識は、いかにして培うことができるのでしょうか。二、三年前から、私は、同志社教学の理念は、キリスト教主義、自由主義、国際主義を基礎とした良心教育であり、これが同志社ブランドであると言っているのですが、同志社人として「独自一己の見識」を身につけるためには、まず、少なくともキリスト教の生き方、価値基準を学ぶこと、次に、自治自立の精神を尊重しあうこと、そして国際交流を盛んにし、世界的な観点に立って考えることが大切である。こうして、身につけた価値基準に従って、心のうちで対話し、物事を決める心、これを養うのが同志社教育の理念であるということになります（二〇一〇年、函館市で開かれた同志社創立一三五周年記念講演をまとめたものです）。

同志社の一貫教育

同志社は、同志社大学と同志社女子大学のほかに、同志社中学校・高等学校、同志社香里中学校・高等学校、同志社女子中学校・高等学校、同志社国際中学校・高等学校というように、四つの中学校と四つの高等学校、それから、同志社小学校、英語で教える小学校の同志社国際学院初等部、さらに、インターナショナルスクールとしての国際学院国際部、そして同志社幼稚園、併せて一四の学校を設置しておりまして、現在、約四万二、〇〇〇人が学んでおります。同志社は、文字通り一大総合学園となってまいりました。

皆さん、ご案内のように、同志社の創立者・新島襄は、今から一三七年前の一八七五年（明治八年）に、アメリカで一〇年余り本格的な留学生活を送り、日本人として初めてアメリカの大学を卒業して、キリスト教の宣教師、牧師となって帰国しました「新島　襄」が建てた学校です。

新島は、その当時、世間は騒がしく、犯罪が頻繁に起こり、社会が乱れて、日本の国の行く末が真っ暗な状態であったことを案じまして、一人ひとりが大切にされる平和で豊かな世の中を作るためには、キリスト教を元にした学校を建て、良い教育をして、良心的な人間を育てる必要があると考えたのです。これが同志社ブランドとしての「良心教育」の始まりです。

同志社という名前は、新島襄と、来年のNHK大河テレビ「八重の桜」に登場します新島八重の兄、山本覚馬などと相談しまして、「志を同じくする者の集まり・結社」という意味で付けられたのですが、やがて、新島の考えに賛成する人たち、つまり「同志」が次第に増えて、アメリカから帰って約一年目で「同志社英学校」を開くことができたのです。それ以来、同志社は、いろんな苦難の道を歩んで今日に至ったのですが、現在は、これからお話しします三つの教育の目標を掲げて、学生、生徒、児童そして園児を教育しています。

一つ目は、キリスト教主義教育です。新島はキリストの考え方でなければ一人ひとりを大切にする良い国はできないと考えて同志社を作ったのですから、キリスト教主義教育は、同志社にとって最も大切な「礎（いしずえ）」となっている原則です。ただし、同志社はキリスト教の信者を養成する「ミッションスクール」ではありません。キリストの教えを柱とした教育をするということです。

二つ目は、自由主義教育です。新島は、「人、一人は大切なり」と申しましたが、一人ひとりを大切にするということは、それぞれの個性を大切にし、自ら治め自ら立つ、自治自立の精神を尊重し、持って生まれた才能や能力を最大限に生かす、人間性豊かな人物を育てるということです。新島自身、「自由こそ、我が生けるモットー」と言っています。

三つ目は、国際主義教育です。国際主義にはいろんな意味がありますが、同志社でいう国際主義教育は、「英語の同志社」といわれてきたように、英語を使いこなし、外国のことをよく理解すること、外国との交流を盛んにする、そして何よりも世界平和に貢献できる人物、国際社会で活躍できる、いわゆる一流の「国際人」を育てるということであります。

同志社は、もちろん学科目の勉強をしっかりと教えますが、同時に、キリスト教主義、自由主義、国際主義に基づいた人間教育を重視します。そのうえで、良心が全身に満ち溢れた人間として、社会で活躍できる人を育てるのが同志社教育の目標です。同志社大学の正門に建てられている「良心碑」に刻まれています言葉、「良心の全身に充満したる丈夫の起こり来たらんことを」、これが同志社教育のミッションであり、同志社ブランドなのです。

幼稚園から大学までの同志社の一四の学校は、それぞれ、子どもの成長・発達段階に合わせて、キリスト教主義、自由主義、国際主義に基づいた良心教育を行っています。その点で文字通り「一貫」しているのです。最近では、京都の公立学校でも、中高の一貫教育校が増えてまいりましたが、どれも、専ら学力を向上させることによって、有名大学の合格者を増やすためのものです。同志社の一貫教育は、これと違いまして、幼稚園から大学、そして大学院までの推薦入学を認め、キリスト教主義、自由主義、国際主義を基礎とした教育を貫き通して、良心教育をしっかりと身につけさせるための一貫教育なのです。

学力をつけるためには、同志社の教職員は努力を惜しみませんが、型にはまった、頭でっかちの人間ではなく、正しいことを勇気を持って実行できる自治自立の人間、自らの良心に従って生きる志をもった人間を養成することが、同志社教育の使命と考えています。

ご参加の皆様のご理解を頂戴できれば、幸いでございます（二〇一二年、大阪と京都で開催された同志社合同学校説明会での講演を収録したものです）。

同志社の国際主義

同志社は、約一〇年間アメリカに留学して、キリスト教の牧師・宣教師となって帰国した新島襄が、「教育こそ文明の基である」とする信念から、一八七五年に「同志社英学校」として建てられたた学校です。学校開設のときはわずか八名の生徒でしたが、只今は、一三の学部、約二九、〇〇〇人の学生を擁する同志社大学、また、五学部、六、五〇〇人の学生を擁する同志社女子大学、さらに四つの高等学校、四つの中学校、二つの小学校および一つの幼稚園、そしてインターナショナル・スクール、全部で一四の学校がありまして、約四二、〇〇〇人が学んでいます。同志社は、文字通り一大総合学園となっています。

同志社という学校名は、「目的を一つにする同志の結社」という意味で付けられたものです。その目的とは、キリスト教を徳育の基本とする良心教育の実施です。良心が全身に満ち溢れた人間、一国の良心として社会で活躍できる人間を育てる、これが、同志社のミッションであり、同志社建学の精神、同志社ブランドです。

同志社は、良心教育に欠かすことのできない教学の理念として、キリスト教主義、自由主義、国際主義の三つの原則を導き、幼稚園から大学までの一貫教育を実践してまいりました。本日は、その一つである国際主義に着目して、進化する同志社の現状を垣間見ることにしたいと思います。ここで、「進化」としましたのは、同質のものが年月を経ることによって、未分化のものが分化し、発展しつつあるという趣旨であります。

国際主義は、普通、国家相互間の協調を旨とし、世界の平和を目的とする原則をいいますが、私は、同志社でいう「国際主義」は、外国の自然や歴史、文化を理解し、学術研究や学生同士の国際交流を盛んにする。そして、良心教育を世界に発信できる、「良心の充満したる丈夫」として、国際舞台で活躍し、人類の繁栄および世界平和に貢献できる人物を養成する考え方と理解しています。この原則に基づきまして、同志社では、国際主義教育委員会を設置し、各学校が委員を選出し、総長が委員長となりまして、国際交流プログラムの基本方針を検討し、実践するよう心がけています。

中学校、高等学校では、学校ごとに短期交換留学や国際交流イベントを実施しており、こうした事業は、国際化時代に即応して、年々拡大しつつあります。特に、同志社の国際主義教育を発展・向上させることを主眼として設置された国際中学校・高等学校では、「真の国際人」の育成を目指して、独自の国際教育を実践しております。また、語学教育や国際研修および国際交流プログラムの充実に取組んでいるところであります。

同志社小学校では、英語教育を率先して実施し、六年次の就学旅行は、アーモスト大学への訪問です。また、同志社幼稚園では、国際主義教育の一環として、英語クラブ「キッズ英語」を実施しています。なお、二〇一一年には同志社国際学院が開設いたしました。その初等部は、正規の小学校として認可され、英語によるバイリンガル教育を実施するとともに、国際部は、インターナショナル・スクールとして、国際バカロレア機構により、今年三月に国際的な大学入学試験資格のための Diploma Program が認可され、英語による事業が実施されています。

一方、同志社大学での国際交流の特色は、外国の大学の研究・教育センターを誘致してきた点にあります。アメリカを代表する一六の名門リベラルアーツ・カレッジで構成しておりますＡＫＰ同志社留学生センター、また、スタンフォード技術革新センター、さらにチュービンゲン大学同志社日本語センターなどがありまして、それぞれ日本語や日本文化などの教育を展開しています。昨年は、新たに、イギリスのシェフィールド大学が日本センターを設置しました。各センターの提供科目の一部は、同志社大学の学生も聴講できるほかに、留学生と共同で課外活動に参加することも可能でありまして、双方にとって貴重な体験となっているようであります。

外国人留学生の受け入れ機関としては、日本語・日本文化センターが注目されます。外国人留学生の日本語・日本文化教育を担う施設として設置されたこのセンターは、二〇〇八年四月から文科省によって、「指定日本語教育施設」に選ばれました。私立大学では、四大学が指定されただけであります。これによって、外国人の留学生の受け入れは大幅に拡充してまいりました。

外国人留学生に関しまして、特に注目されますのは、二〇〇九年度に文部科学省国際化拠点整備事業（グローバル三〇）の採択であります。これは、外国人留学の拠点校を採択し、年間二億から四億円程度の補助をするというものですが、国立大学七校、私立大学六校の一つとして、同志社大学も選ばれました。英語による授業を実施するなど、戦略的な国際連携を推進し、新たな国際化の取り組みができるようになりました。国際主義教育の転機となる画期的なものとして、大変有意義な事業と考えております。過日、大学の国際化のためのネットワーク形成事業について中間評価結果が発表され、同志社は一三校のトップであるS評価を受けました。

一方、同志社ビジネススクールの「グローバルMBAプログラム」も注目に値します。二〇〇九年九月から、世界のトップクラスの教授を招聘し、全ての授業を英語で行っているものですが、京都で、世界水準のビジネス教育プログラムを実施するのは初めてでありまして、国際主義を踏まえたビジネス教育の成果が大いに期待されるところです。既に、中国や東南アジアなど多くの国からの留学生が来日しています。

また、二〇一一年には、幅広い教養と国際社会で貢献できる国際教育インシティテュート、さらに、国際社会のビジネス、文化交流や教育などの場で活躍できる人材を養成するためのグローバルコミュニケーション学部が新設されました。一年間、外国で英語ないし中国語の習得を目的として、それぞれの言葉の運用能力を習得させようとするものであります。同志社女子大学では、既に、二〇〇七年に、一年生から全部英語で授業を行う国際教養学科を学芸学部に設置して、海外認定大学へ一年間の留学を義務づける制度を実施しています。教養豊かな「同時通訳者」の養成が期待されているところです。

学校法人同志社における国際主義について、その現状の主な点をかいつまんでお話しましたが、学園の国際化は、日本における教育・研究の趨勢として、今後一層推進されるものと予想されます。しかし、同志社の国際主義は、同志社ブランドとしての「良心教育」の基礎となるものであります。本日、あえて「『同志社の』国際主義」と題してお話した所以であります。同志社の国際主義教育は、単に国際交流を盛んにするだけでなく、一国の良心、地の塩、世の光として、世界の表舞台で羽ばたくことのできる人材の養成を特色としている点に、留意していただきたいのであります。そのためには、学生が、もっと主体的に外国語の習得に取組む体制の整備が必要であるように思います。同志社の国際主義教育は、ようやくその緒に就いたところと評することができます（同志社大学キリスト教文化センター＝月刊チャペル・アワー二六七号）。

同志社の更なる進化のために

はじめに

学校法人同志社は、創立一三七年目の新春を迎えることができました。教職員の皆さまとともに「見えざる御手」によって同志社を導きくださっている神様に、感謝したいと思います。

一八八七（明治二〇）年一一月一五日に、同志社病院と京都看病婦学校がそれぞれ開院・開校してから、今年で一二五年目を迎えますが、財政的な理由のため、残念ながらこれら医療系の施設は一九〇六年に廃止されてしまいました。しかし、女子大学が薬学部を設置し、大学が生命医科学部を設置したこと、さらに、両学部が設置後も順調に発展・進化している姿には、誠に感慨深いものがあります。そして、本年四月には五年一貫制の博士課程である大学院脳科学研究科が大学に設置されます。新島の志の実現がさらに一歩進み、総長として大変喜ばしく思っている次第です。一方、一八九七（明治三〇）年六月二四日に、同志社幼稚園のルーツに当たる出町幼稚園が設置されてから、一一五年目を迎えることになります。

東日本大震災

昨年三月一一日の東日本大震災は、日本に大きなダメージを与えました。直接被害に遭われた方々のみならず、原子力発電所の影響により近隣の住民はいまだ避難を余儀なくされている状況にあり、また、原子力による風評被害や電力不足の影響も大きく、その被害は甚大であります。改めて、尊いいのちを失われました被災者・被害者の皆様に対しまして、謹んで哀悼の意を表しますとともに、一日も早い復興及び復旧を、お祈り申し上げます。

本学園の東日本大震災に対する救援の取組みは迅速に開始され、被害に遭われた学生等への直接的な援助・支援のみならず、義援金としての協力も引き続き実施されています。また、多くの学生等が直接被災地へ出向いてボランティアとして活動し、さらに、学生が自主的に義援金を募るといった例も多いと聞き及んでおります。奉仕というキリスト教の精神が同志社に浸透しつつあることを、心から嬉しく思う次第です。これらの支援活動にご尽力くださった皆様に対し、改めて感謝を申しあげますとともに、この震災を風化させることなく、今後とも継続的な行動をお願いする次第です。

同志社を取り巻く状況

ご案内のとおり、私立学校を取り巻く環境は、誠に厳しいものがあります。少子化による入学人口の減少はもとより、中央教育審議会、文部科学省などによる競争的環境の一層の促進、国際化への対応、授業料無償化などにより、どの私立学校も課題を抱えながら、熾烈な競争に挑んでいます。

こうした状況にあって、同志社は法人内各学校における渾身の努力により、様々な改革が推進され、飛躍を遂げているところですが、今後も「同志社ブランド」である良心教育を一層鮮明に打ち出し、社会にアピールすることが重要であります。新島は、同志社設立の旨意の中で「一国を維持するは、決して二三英雄の力に非す、実に一国を組織する教育あり、智識あり、品行ある人民の力に拠らざる可からず、是等の人民は一国の良心とも謂ふ可き人々なり、而して吾人は即ち此の一国の良心とも謂う可き人々を養成せんと欲す、吾人が目的とする所実に斯くの如し」と宣言しました。私たちは、この理念を常に自覚しながら教育を行い、現代に欠けているといわれる徳育を強化しなければなりません。

一貫教育の更なる充実・強化に向けて

私が総長となりましてから、力を入れてきたことの一つに一貫教育の強化が挙げられます。同志社は、現在、小学校が設立されたことにより、幼稚園から大学院に至る一貫教育体制が整ってまいりました。そこで、その強みを活かさなければ、更なる同志社の発展は望めないのではないかという思いから、同志社一貫教育委員会を設置し、法人内各学校における相互の連携・交流を一層促進し、学園同志社のスケールメリットを最大限に生かすことのできるプログラムを実現してまいりました。

その成果の一つが、大学と女子大学のオープンキャンパスと同日に開催している幼稚園から大学までの「合同学校説明会」であります。二〇〇七年から開催しているこの説明会は、広く社会に対して同志社の一貫教育の意義ないし強みをアピールする場として定着しつつあり、本年は京都のみならず大阪でも開催を予定しております。また、法人内各学校の連携と協力のもと、園児、児童、生徒、学生が抱える諸問題の解決策を模索し、また教育力の向上を図るために、教員が一堂に会して研修・交流する「同志社研修・交流会」を二〇〇八年から開催しております。この会合も、法人内各学校の連携強化、相互交流を通じての一層の充実・発展にとって、貴重なプログラムとして定着して参りました。

また、昨年は、本学の理事でもあるオムロン株式会社特別顧問の立石信雄氏個人から、「法人内中学校・高等学校における英語力強化」を目的とする多額の寄付を頂戴いたしました。早速、四中高校長にお願いし、英語力強化に取り組む先生方を選出頂き、議論を重ねプログラムを策定して頂きました。四中高の統一的なプラグラムを策定することによりまして、各中高の生徒が参加できるプログラムの幅が広がり、更に充実した教育が展開できるものと期待しております。本年二月に初めての取組みとして、法人内中学生・高校生を対象とした英語大会も実施いたします。かつて言われておりました「英語の同志社」の復活ができればと願っています。今後は、英語のみならず他の教科でも、このような法人内中高の強みを活かしたプログラムが開発できれば、同志社教育にさらに厚みが出てくるものと思います。その充実に、総長としても可能な限り協力してまいる所存です。

さらに、学内校同士のスポーツ交流も盛んになってきております。現在では中高の四クラブがOB会や大学の協力のもと、定期的な交流戦を行っていますが、このような現況を進展させ、同志社スポーツの一層の強化が図られることを期待しています。

一昨年四月の同志社中学校と同志社高等学校との統合、並びに昨年の国際学院初等部・国際部の設置により、同志社の一貫教育は新たなステージへ進んでいます。各学校の教学の統轄者として、知・徳・体を体得できる教育環境を目指し、引き続き新たな事業を積極的に検討・実施し、同志社一貫教育の更なる推進と充実に尽力してまいる所存であります。

社会との一層の連携について

改めて申すまでもなく、私立学校は設立の理念に共感した人々の寄附行為によって設置されたものであります。従いまして、学園同志社の発展にとって必要な財政的基盤を確立するために、総長として、有志の皆様から浄財のご寄附をいただく努力をすることは、当然のことと考えております。総長就任以降、多くの校友・同窓、財界人、文化人などと積極的にお会いし、同志社への物心両面にわたる支援をお願いしてまいりました。

晩年の新島は、社長（現総長）として、大学設立という理想の実現のために、全国を奔走し募金活動を続けました。校友・同窓に留まらず、宗教界、財界、政界などあらゆる人々に対してなされたのであります。病弱をおして、文字通り、自らの命を賭した活動でありました。私も、新島の志を継ぐ同志社総長として、今後も、各界各層の有志の皆さんに同志社の教学の理念を訴え、社会との交流を一層深めながら、財政的なご支援を仰ぐ所存であります。教職員の皆さまにも、ご理解とご協力をお願いいたします。

校友会本部では、昨年、一二年間会長を努められた秋田会長に代わり、ダイキン工業株式会社代表取締役会長兼CEOの井上礼之氏が会長になられました。改めて秋田会長の今までのご尽力に敬意を表しますとともに、厚く御礼を申しあげる次第であります。また、井上会長には、母校の発展のために是非力を貸して頂きますようお願い申しあげます。井上会長は早速、大学との関係、本部と支部の関係、選挙方法・議決方法も含めた会則の見直しを検討され、より良い校友会運営へ向けて舵を切られております。総長としても、本部のみならず各支部の会にはできる限り出席させて頂き、卒業生のお役に立てることがあれば、積極的に協力をさせていただく所存です。

最後に

二〇一三年のNHK大河ドラマが「八重の桜」に決定いたしました。八重の夫を創立者とする同志社としては大変喜ばしいことであり、そのドラマの作成に当っては、同志社としても全面的に協力をしていくことがすでに確認されております。新島襄は一八七五年に「アメリカの母」ハーディー夫人に宛てた手紙の中で、「Of course she is not handsome at all. But what I know of her that she is a person who does handsome.」と書いています。「ハンサム・ウーマン」としての八重の生き方がどのように描かれるのか、皆様とともに楽しみにしております。

最後に、同志社の二〇〇年の大計に向けた進化のため、さらなる充実と発展に総長として渾身の努力を続けていくことを誓い、そして、教職員の皆様にはそれぞれのお立場・お役目において最大限のご活躍とご健勝を願いまして、年頭の挨拶といたします（二〇一二年同志社々報「年頭所感」）。

著者紹介

大谷　實（おおや・みのる）

1934年　茨城県に出生
1957年　同志社大学法学部法律学科卒業
現　在　学校法人同志社総長。武漢大学・中国人民大学客員教授。法学博士。
司法試験考査委員（1982～1995）
日本学術会議会員（1991～2000）
人権擁護推進審議会委員（1996～2001）
法制審議会委員（2001～2005）

主要著書

刑事責任の基礎（1968年　成文堂）
人格責任論の研究（1972年　慶応通信）
刑法改正とイギリス刑事法（1975年　成文堂）
被害者の補償（1977年　学陽書房）
刑事規制の限界（1978年　有斐閣）
医療行為と法（1980年　新版・1990年　弘文堂）
刑法講義各論（1983年　新版３版・2009年　成文堂）
刑法講義総論（1984年　新版４版・2012年　成文堂）
いのちの法律学（1985年　新版・2011年　筑摩書房）
刑事政策講義（1987年　新版・2009年　弘文堂）
明日への挑戦（2004年　成文堂）
続・明日への挑戦（2008年　成文堂）

我が人生、学問そして同志社

2012年11月20日　初版第１刷発行

著　者　大　谷　　實
発行者　阿　部　耕　一

〒162-0041　東京都新宿区早稲田鶴巻町514
発行所　株式会社　成　文　堂
電話　03(3203)9201(代)　Fax　03(3203)9206
http://www.seibundoh.co.jp

製版・印刷　シナノ印刷　　製本　弘伸製本　　検印省略
☆落丁・乱丁本はおとりかえいたします☆

ISBN978-4-7923-9232-1 C0095
定価（本体1900円＋税）